MICHAEL WITTIG

NEUE STAATEN – ALTE PROBLEME
BILDER AUS OSTEUROPA

Mit dem Fall der Berliner Mauer ist mehr zusammengestürzt, als die meisten vorher gedacht haben. Die Mauer, die durch das "gemeinsame Haus Europa" verlief, scheint manchem im nachhinein eine Stützmauer gewesen zu sein − nicht nur denen im Westen, die die wirtschaftlichen Folgen der Grenzöffnung fürchten, sondern auch jenen, die im Osten gelebt und oft im Rahmen der Kirchen gegen den Kommunismus gekämpft haben; ihnen fehlen heute die gewohnten Gewißheiten. Auch brechen viele der lange unterdrückten Rivalitäten und Konflikte zwischen den Völkern, Religionen und Konfessionen im Osten wieder auf, die die kommunistische internationale Solidarität offiziell überbrückt hat.

Die vorliegende Aufsatzsammlung will kaleidoskopartig einige Informationen zum Verständnis dieses Wandels geben.

Michael Wittig

Neue Staaten — Alte Probleme

Bilder aus Osteuropa

Verlag
"Der Christliche Osten"
GmbH
Würzburg

Die Deutsche Bibliothek − CIP-Einheitsaufnahme

Michael Wittig
Neue Staaten − Alte Probleme
Bilder aus Osteuropa
Würzburg: Verlag "Der Christliche Osten" GmbH 1995
ISBN 3-927894−20−6

Michael Wittig
Neue Staaten − Alte Probleme
Bilder aus Osteuropa

1. Auflage 1995
Herausgeber: Verlag "Der Christliche Osten"
Schriftleitung: P. Dr. Gregor Hohmann OSA, Dietmar Süssner,
Grabenberg 2, 97070 Würzburg

© 1995 Verlag "Der Christliche Osten"

Alle Rechte des auszugweisen Nachdrucks, der mechanischen
Wiedergabe und Übersetzung sind vorbehalten und bedürfen der
ausdrücklichen Genehmigung des Herausgebers

Inhaltsverzeichnis

Kapitel 1:
Sturz vom Dritten Rom in die Dritte Welt? 7

Kapitel 2:
Requiem mit den Roten Zaren? 38

Kapitel 3:
Die Russen: Asiaten oder Europäer? 51

Kapitel 4:
Fürst und Metropolit ziehen an einem Strang —
Der Aufstieg Moskaus 55

Kapitel 5:
Bollwerk nationaler und religiöser Freiheit:
Die Sergeeva Troice Lavra (Sagorsk) 60

Kapitel 6:
"Himmlisches Jerusalem" oder "Monströses Gemüse"?
Die Basilius-Kathedrale auf dem Moskauer Roten Platz 64

Kapitel 7:
Reformen gegen das Volk: Peter der Große 72

Kapitel 8:
Ukraine — Nation und Konfession 78

Kapitel 9:
Römisch-katholische Christen
unter den orthodoxen Slawen 88

Kapitel 10:
Litauen – umgeben von großen Brüdern　　　　　　　94

Kapitel 11:
Nationales Heiligtum Moldauklöster　　　　　　　　101

Kapitel 12:
Himmel auf Erden – Die Liturgie der Ostkirche　　　111

Kapitel 13:
Verkündigung mit dem Pinsel: Die Ikonen　　　　　116

Kapitel 14:
Ein auserwähltes Volk – Die Armenier　　　　　　121

Kapitel 15:
Unter der grünen Fahne: Der Islam　　　　　　　　126

Sturz vom Dritten Rom in die Dritte Welt?

"Rußland steht vor einer unabwendbaren Katastrophe. Das Transportwesen ist schon unglaublich zerrüttet. Die Eisenbahnen werden stillstehen. Das Land ist ohne Waren, das Land leidet Mangel an Lebensmitteln, obwohl genügend Getreide und Rohmaterialien vorhanden sind." Genauso könnte man die Zustände in der Erbengemeinschaft der Sowjetunion beschreiben. Tatsächlich aber sind diese Worte über 70 Jahre alt und auf das Russische Zarenreich von 1917 gemünzt; der Autor: Wladimir Iljitsch Uljanow, genannt Lenin.

Noch mehr Zündstoff aber als die wirtschaftlichen Schwierigkeiten scheinen momentan die nationalen Gegensätze zu enthalten. Die am 30.12.1922 offiziell gegründete Sowjetunion hörte am 8.12.1991 auf, als Subjekt des Völkerrechts zu existieren. Das untergegangene Riesenreich war ein Vielvölkerstaat; in seinen 15 Republiken (Rußland, Ukraine, Bjelorußland, Moldawien, Estland, Lettland, Litauen, Georgien, Armenien, Aserbaidschan, Turkmenistan, Tadschikistan, Usbekistan, Kasachstan, Kirgisien) lebten etwa 140 Völker. Obwohl dies den Bolschewiken ursprünglich als kleinbürgerlich gegolten hatte, wurde in der Sowjeunion seit 1932 die Nationalität registriert (das Russische Zarenreich hatte seine Bewohner nach der Religion unterschieden). Heute noch ist jede Republik der einstigen UdSSR ein Vielvölkerstaat mit einer Titularnation. Einige Minoritäten haben in den Republiken autonome Gebiete (in der Russischen Republik zum Beispiel 16); angesiedelt wurden sie an ihren heutigen Wohnstätten teilweise erst unter dem Diktator Stalin. Er ließ auch durch Sprachwissenschaftler bei den asiatischen Turk-Völkern deren unterschiedliche Dialekte zu "selbständigen" Sprachen ausarbeiten, um pantürkische oder panislamische Bewegungen zu spalten.

Durch die Armee und die Industrie aber wurde die Russifizierung des Gesamtreiches vorangetragen, denn die dort gültige Sprache war die russische (60% der 285 Millionen Einwohner der UdSSR waren Russen). Ferner mußten seit 1939 alle Sprachen in der UdSSR mit kyrillischen Buchstaben, dem Alphabet der Russen, geschrieben werden; nur die christlichen Armenier und Georgier durften ihre Schriften behalten. Die Russifizierungspolitik hat zur Folge, daß heute von den anderen Völkern der Sowjetunion alle Übel den Russen angelastet werden: die Umweltzerstörung ist eine Folge der Industriepolitik; die Industrie aber wurde von Russen dominiert, also sind die Russen die Umweltzerstörer; Russen kommandierten Armee und KGB, also sind sie die Unterdrücker. Sagen die asiatischen Völker der einstigen Union, dies sei die Folge der kolonialistischen Arroganz der Europäer, so sehen die westlichen hier den asiatisch-tatarischen Charakter der Russen; die Schuldigen sind sie heute für alle und alles.

Im Folgenden wollen wir einen Blick in die Geschichte der Republiken der GUS, der "Gemeinschaft Unabhängiger Staaten", und der drei baltischen Staaten werfen.

A. Die Erben der Kiewer Rus'

1. Rußland

Am Anfang der russischen Staatsgeschichte steht die seit dem 9. Jahrhundert durch Quellen belegte "Rus" mit dem Zentrum Kiew, ein durch die Familie der Rurikiden beherrschtes Gebiet mit slawischer Bevölkerung, das vordem — am Handelsweg von Skandinavien nach Byzanz gelegen — normannisch-skandinavischer Kontrolle unterstanden hatte. Als Fürst Vladimir I. 988 für sich und sein Volk das Christentum annahm, wurde seine Herrschaft gesellschaftsfähig, in die Schar der anzuerkennenden christlichen Staaten aufgenommen: Kiewer Fürstinnen wurden schon bald durch Heirat Königinnen von Norwegen, Ungarn, Frankreich, eine die Gemahlin des Römischen Kaisers Heinrich IV., wie auch die Söhne deutsche und byzantinische Prinzessinnen heirateten. Dadurch, daß Vladimir das Slawische als Kirchensprache wählte und nicht Griechisch oder Latein, zeigte er zugleich, daß er Rußland als dritte Größe neben Alt- (=Rom) und Neu-Rom (=Byzanz) etablieren wollte.

Aber die Rus' war eine Koalition von Stämmen, und schon nach 100jähriger Vorherrschaft ließ die einigende Kraft der Rurikiden nach, und es bildeten sich mit den Zentren Vladimir-Susdal, Halitsch-Wolhynien und Nowgorod weitere starke ostslawische Fürstentümer. Diese Zersplitterung verhinderte einen wirksamen Widerstand der Ostslawen gegen die asiatischen

Mongolen, die Mitte des 13. Jahrhunderts (unter Dschingis-Khans Enkel Batu) in ihr Siedlungsgebiet einbrachen. Mit Ausnahme Nowgorods standen 1241 alle russischen Fürstentümer unter dem "Tatarenjoch", das heißt ihre Fürsten waren den Mongolen tributpflichtig.

Die gleichzeitig angreifenden Schweden, Litauer und die Ritter des Deutschen Ordens wurden nacheinander von dem Nowgoroder Fürsten Alexander Nevskij (siehe Kapitel 3) geschlagen. Durch diesen Angriff aber und dadurch, daß Alexander den Herrschaftsanspruch der Mongolen anerkannte, entstand ein Bruch zwischen der abendländischen und der russisch-orthodoxen Welt. Während der Westen (Bjelorußland) und Südwesten (Ukraine) der einstigen Kiewer Rus' einen eigenen, dem lateinischen Abendland näherliegenden Weg gingen und der Nordwesten (Estland, Lettland) durch seine Brückenfunktion zum hansischen Ostseeraum eine Sonderstellung gewann, begann — dem Zugriff der inzwischen auf drei Khanate, Reiche, geteilten Tataren relativ wenig ausgesetzt — der Aufstieg des Moskauer Teilfürsten (siehe Kapitel 4). In seinen Bereich verlegte 1326 auch der Oberbischof der Ostslawen seinen Metropolitansitz. Ab 1328 nannte sich der Moskauer Herrscher Großfürst.

Mit Ivan I. Kalita (= der Geldbeutel; 1325-1340) begann die Politik der "Sammlung der russischen Erde", die Befreiung vom Tatarenjoch, die Ivan IV., der Schreckliche, 1552 mit der Eroberung der Tataren-Khanate Kasan und Astrachan abschließen konnte (an diesen Sieg erinnert die Basilius-Kathedrale auf dem Roten Platz in Moskau; siehe Kapitel 6). Nun konnte sich Ivan Zar, Selbstherrscher, nennen, mit dem Anspruch, in der Nachfolge des 1453 untergegangenen byzantinischen Kaisertums zu stehen. Da der griechische Kaiser und sein Patriarch zuvor gegen die osmanischen Türken Hilfe bei den nicht ganz rechtgläubigen Brüdern des katholischen Westens gesucht hatten, verstanden sich der Zar und sein Bischof fortan als Hüter des wahren Glaubens, als das Dritte Rom. Mit dem Geld der Kaufmannsfamilie Stroganov, der russischen Fugger, konnte sich Ivan die Truppen (Strelitzen) leisten, die ihm die Eroberung Sibiriens ermöglichten.

Mit Ivan IV. endete die Dynastie der Rurikiden. Zum Nachfolger wurde der Bojar Boris Godunov gewählt, bis 1613 mit der Wahl des Michael Romanov eine neue Familie aufstieg, die in der Linie Holstein-Gottorf (durch Peter des Großen Tochter Anna) bis Februar 1917 das Land regiert hat. Der eigentliche Lenker der russischen Politik aber war Michaels Vater, als Patriarch Filaret Oberhaupt der Russisch-Orthodoxen Kirche. Unter Michaels Sohn kam 1654 die Ukraine zum Moskauer Staat (siehe Kapitel 8 und 9). Um die Bewohner der Ukraine in das russische Reich eingliedern zu helfen, führte Patriarch Nikon eine Kirchenreform durch, mit der er Moskauer Eigenbräuche und Entwicklungen der letzten 200 Jahre beseitigen wollte. Die Reform führte aber zum Bruch (= Raskol) unter den russischen Gläubigen.

Inbegriff der zaristischen Alleinherrschaft ist Peter

der Große (siehe Kapitel 7). Symbol seiner West-Orientierung wurde die 1703 gegründete neue Residenzstadt: Sankt Petersburg. Begabte und begüterte Russen wie Michail Lomonossow, der Vater der russischen Schriftsprache und Namensgeber der Moskauer Universität, studierten im Westen; der Däne Vitus Bering entdeckte im kaiserlichen Auftrag 1741 die nach ihm benannte Meerenge. Im Gefolge des Großen Nordischen Krieges (1721) trat Rußland an die Stelle Schwedens als führende Ostseemacht. Von Persien eroberte Peter Provinzen am Kaspischen Meer (Baku).

Durch einen Putsch der Garde gegen ihren Gemahl Peter III. kam Katharina II., die Prinzessin aus Anhalt-Zerbst, an die Macht. Als "Sammlung der russischen Erde" stellte sie die drei Teilungen Polens (1772, 1793, 1795) hin, 1783 konnte sie die Krim Rußland einverleiben, und Katharinas Schutzvertrag mit Georgien endete mit dessen Annexion. Mit in Deutschland angeworbenen Bauern gründete sie die Wolgakolonien.

Alexander I. fühlte sich als Befreier Europas von Napoleon (1. Vaterländischer Krieg), als dessen Verbündeter er 1808 Finnland und 1812 Bessarabien (= Moldawien) erworben hatte. Die russische Einflußsphäre im Kaukasus mußte 1813 von Persien anerkannt werden.

Mit Dostojewski und Tolstoj erreichte die russische Literatur Ende des 19. Jahrhunderts Weltgeltung. Alexander Puschkin und Nikolaj Gogol artikulierten Themen des Idealismus und traten für liberale Reformen ein.

Den um eine Verfassung geführten Dekabristen-Aufstand vom Dezember 1825 konnte Nikolaus I. noch mit der Gendarmerie niederschlagen; die mitteleuropäischen Revolutionen von 1830 und 1848 haben seine Furcht vor Veränderungen noch mehr gesteigert. Der 1856 gegen das Osmanische Reich verlorene Krieg (Streit um die Heiligen Stätten in Jerusalem) war ein alarmierendes Zeichen für den technischen und militärischen Stillstand. Rußland verlor seine europäische Vormachtstellung an Frankreich.

1861 wurde durch Alexander II. wohl allen Untertanen, das heißt konkret den Bauern, die persönliche Freiheit gegeben, ohne daß sich damit an deren ökonomischer Situation etwas gebessert hätte. Sein Geld steckte der Staat in den industriellen Nachholbedarf (1891 wird die transsibirische Eisenbahn begonnen, 1904 fertiggestellt). Während der gutsbesitzende Adel, die einstige gesellschaftliche Basis des zaristischen Rußland, damit an Einfluß verlor, wurde jetzt die Arbeiterschaft zu einer sozial bedeutenden Gruppe. 1864 konnte Rußland noch Turkestan erobern und damit seinen Machtbereich nach Zentralasien erweitern. Um den Geldbedarf zu decken, wurde 1867 Alaska für 7,2 Millionen Dollar an die USA verkauft. Geld wurde dringend gebraucht. Die wirtschaftliche Depression (Überproduktion in der Metallindustrie) führte zur Revolution von 1905, die eine vom Zaren gewährte Verfassung brachte und ein Parlament, die Duma (das russische Wort Duma bedeutet Denken, etwas, was der westliche Parlamentarismus von seinen Vertretern − jedenfalls dem Wort nach − gar nicht verlangt, die sollen parlieren, reden).

Der Erste Weltkrieg beendete alle Reformansätze, so daß sich bei militärischen Niederlagen Soldaten und Arbeiter in Petrograd (so seit 1914 benannt) verbündeten — die Basis der Oktoberrevolution. Im März 1917 trat Zar Nikolaus II. zurück, und seine Familie wurde zunächst in Zarskoje Selo interniert, dann 1918 ermordet. Als auch die von der bürgerlichen Regierung Kerenski befohlene militärische Offensive scheiterte, entschied sich Lenin für die Beendigung des Krieges (Frieden von Brest-Litowsk). Seine Dekrete über den Frieden und über Grund und Boden waren zwar nur eine Bestätigung des Status quo, aber sie gewannen ihm die Soldaten und die Bauern. Das Nationalitätendekret (Recht auf Selbstbestimmung) entlastete das neue Regime von politischem Sprengstoff. Die "Neue Ökonomische Politik" mit ihren marktwirtschaftlichen Konzessionen an die Bauern sollte die Mißerfolge der Experimentierphase des Kommunismus korrigieren.

1922 schlossen sich die Russische Sozialistische Föderative Sowjetrepublik, Weißrußland, die Ukraine und Transkaukasien zur UdSSR zusammen.

Daß die Sowjetunion eine der führenden Weltmächte und europäische Hegemonialmacht wurde, war ein Ergebnis des Zweiten Weltkrieges, in dem der Sowjetpatriotismus alle Elemente der nationalen Tradition, wie die russisch-orthodoxe Kirche, mobilisiert hatte.

Wiederholte Initiativen zu Wirtschaftsreformen zeigten aber auch schon unter Chruschtschow die Schwierigkeiten und Grenzen der Macht dieses Staates auf.

Schriftsteller, Künstler und Wissenschaftler wiesen seit Jahren auf das Defizit an bürgerlichen Freiheiten hin. Die Reformversuche (Perestroika = Umbau) unter Gorbatschow brachten dann als ungewolltes Nebenprodukt auch den Nationalismus hoch. Das Reaktorunglück von Tschernobyl 1986 hat den Demokratisierungsprozeß beschleunigt. Lange unterdrückte Spannungen haben sich — bislang meist noch relativ glimpflich — entladen. Der Putsch von Anhängern des alten Systems am 19. August 1991 hat bei dieser Entwicklung weniger überrascht als die erfolgreiche Gegenaktion des russischen Präsidenten Jelzin. Die Auflösung der UdSSR zum Jahresende 1991 markiert das Ende einer historischen Epoche. Innen- und wirtschaftspolitisch treten die Nachfolgestaaten — gegenseitig eher durch gemeinsame Probleme, aber auch durch Konflikte untereinander verbunden — ein schwieriges Erbe an.

2. *Bjelorußland*

Die im 13. Jahrhundert geschriebene russische Nestor-Chronik spricht von den nördlich Kiews lebenden Slawen als den Waldbewohnern. Wegen der weißen Kleidung, die sie aus dem hier angebauten Flachs fertigten, bekamen sie auch den Namen Weißrussen. Nachdem die Mongolen das Kiewer Reich zerstört hatten, wurde das Gebiet der Weißrussen von dem Litauer Fürsten erobert (siehe Kapitel 10). Getrennt von ihren Brüdern im heranwachsenden Moskauer Reich entwickelte sich ihre Sprache zu einer eigenen, weißrussischen Sprache. Litauen kann in dieser Zeit als ein von Ostslawen bewohntes Reich bezeichnet werden, das mit Moskau um das Erbe der alten Rus' kämpfte.

Der Gegensatz wurde noch vertieft, als der litauische Fürst Jagiello die polnische Königin Jadwiga heiratete und dafür das Christentum in seiner westlichen Form annehmen mußte. Polen und Litauen schlossen eine politische Union. Die vordem überwiegend slawisch-orthodoxe Bevölkerung des litauischen Staates, wurde nun im neuen Reich wegen ihres Glaubens zu einer minderberechtigten Gruppe. Es war weitgehend ein Akt politischer Loyalität der orthodoxen Bevölkerung gegenüber ihrem katholischen König – vor allem seit Moskau litauische Gebiete zu erobern versuchte und dies als Befreiung der dortigen Slawen vom katholischen Joch hinstellte –, der 1596 zur kirchlichen Union von Brest führte (siehe Kapitel 9).

Nach den drei Teilungen Polens Ende des 18. Jahrhunderts kamen alle weißrussischen Gebiete zum Moskauer Reich. Die kirchliche Union wurde aufgehoben. Der katholische polnische Klerus hatte diesen Schritt forciert, indem er die Unierten stets unter Konversionsdruck gesetzt hatte; erst der lateinische Ritus machte für sie den vollkommenen Christen.

Nur einmal, 1917/1918 gab es einen unabhängigen weißrussischen Staat. 1921 kamen dessen westliche Gebiete zu Polen (Friede von Riga). Im östlichen Teil wurde 1922 die SSR Bjelorußland gegründet, die die Revisionsansprüche an Polen anmelden sollte. Bei der Gründung der UdSSR 1922 war Bjelorußland dabeigewesen. Durch den Hitler-Stalin-Pakt von 1939 wurde eine Westverschiebung Weißrußlands vorgenommen.

Nach dem Zweiten Welkrieg wurde im bis dahin weitgehend agrarisch geprägten Weißrußland eine Schwerindustrie zur Verarbeitung von ukrainischer Kohle und ukrainischem Stahl aufgebaut. Dies zog Industriearbeiter von auswärts an; so sind von den 10 Millionen Einwohnern des Staates 79% Weißrussen, 11% Russen und 4% Polen. 2 Millionen Weißrussen sind Katholiken, ihr Erzbischof ist der Pole Tadeusz Kondrasiewicz — so wie der Oberbischof der orthodoxen Christen ein Russe ist.

Zur jüdischen Minderheit gehörte der 1985 verstorbene Maler Marc Chagall.

3. Ukraine

Mit der Erinnerung daran, daß wir uns jetzt im Herzen der Kiewer Rus' befinden, ist auch schon die besondere Problematik dieses Staates angesprochen: Russen und Ukrainer sehen hier ihren Ursprung. Nach der Zerstörung des ersten Staates der Ostslawen durch die Tataren gehörte die Ukraine zum Teil zum polnisch-litauischen Reich.

Die östlich der litauisch-polnischen Grenze lebende Bevölkerung, Kosaken genannt, verstand sich fortan gegenüber den im katholischen Polen lebenden Brüdern als Verteidiger der Orthodoxie. 1648 hatten sich die Kosaken vom Tatarenjoch befreit. Aber angesichts der Gefahr einer polnisch-tatarischen Koalition suchten die Kosaken 1654 Moskauer Hilfe — gemäß russischer Interpretation kehrte dieses Gebiet der Ukraine damit nach Rußland zurück (Zur 300-Jahr-Feier dieses Ereignisses schenkte Chruschtschow der Ukraine die Halbinsel Krim). Als sich die Kosaken gegen die russische Annexion mit dem schwedischen König gegen Peter den Großen verbündeten, kam es zum Krieg; die Kosaken verloren 1709 die Schlacht und jegliche Form von Selbständigkeit (Kleinrussisches Generalgouvernement). Unter Katharina II. bildeten die Kosaken nur noch ein folkloristisches Element in den Kavallerieregimentern. Sie waren nicht mehr nötig zum Schutz vor den Krim-Tataren, nachdem Katharina 1783 die Krim Rußland hatte eingliedern können.

Der Dichter Nikolaj Gogol aus der Gegend des ukrainischen Poltawa würzte wohl viele seiner Geschichten mit "kleinrussischen" Redensarten, zweifelte aber selbst nicht daran, Russe zu sein.

1921 entstand die Sowjetrepublik der Ukraine; die orthodoxe Kirche des Landes erklärte sich als autokephal, bis Stalin sie dem Moskauer Patriarchat eingliederte.

Ganz anders die Situation in der West-Ukraine, in Galizien und Wolhynien, die − erst im polnisch-litauischen Staat − nach den polnischen Teilungen zu Österreich gekommen waren. Hier wurde die unierte Kirche zum Kristallisationskern des Nationalbewußtseins. 1920 kamen diese Gebiete wieder zu Polen, nach dem Zweiten Weltkrieg in den sowjetischen Herrschaftsbereich. Die unierte Kirche wurde 1946 mit dem Moskauer Patriarchat zwangsvereinigt (1987 befanden sich 60% der 10.000 Moskau unterstellten Gemeinden in der Ukraine). 74% der 50 Millionen Einwohner der Ukraine sind Ukrainer.

4. Moldawien

Einer Anekdote nach wunderte sich 1944 US-Präsident Roosevelt auf der Jalta-Konferenz, als Stalin Anspruch auf Bessarabien erhob; Roosevelt vermutete dieses Gebiet irgendwo zwischen Palästina und Saudi-Arabien. Bessarabien war jedoch nicht nur für Amerikaner "terra incognita".

Moldawien, das Land zwischen Pruth und Dnjestr, gehörte im 11. und 12. Jahrhundert zur Kiewer Rus', dann zu Galizien-Wolhynien. Bald aber kam es von litauischer unter ungarische Herrschaft (wie auch die Karpato-Ukraine). 1359, nach einem Aufstand des moldawischen Fürsten gegen den ungarischen König, wurde das Fürstentum türkischer Vasallenstaat (siehe Kapitel 11). Die Menschen hier waren orthodoxe Christen des slawischen Ritus. Erst in der Reformation wurde die rumänische Schriftsprache zur Verbreitung der neuen Lehre geschaffen (1544 erster Katechismus auf Rumänisch). Die lateinische Schrift aber setzte sich erst im 19. Jahrhundert durch.

Anfang des 18. Jahrhunderts drängte Rußland das Fürstentum zu einem Allianzvertrag gegen die Türken. Die osmanischen Türken vergaben daraufhin das Fürstentum an griechische Phanarioten; die orthodoxe Kirche hier wurde gräzisiert (stärker noch im 2. rumänischen Fürstentum, der Walachei).

Nach dem russisch-osmanischen Krieg von 1806–1812 gliederte sich Rußland den östlichen Teil des Fürstentums Moldau, Bessarabien, an. 1918 konstituierte sich dieses Gebiet als unabhängige Republik und beschloß den Anschluß an Rumänien (das 1862 durch Vereinigung der Fürstentümer Moldau und Walachei entstanden war). Die sowjetische Regierung protestierte dagegen und erkannte den Anschluß nicht an. Als Zeichen ihres Anspruches auf diese Region gründete sie am Ostufer des Dnjestr 1924 die Moldauische Autonome Sowjetrepublik (mit nur 30% Moldawiern, aber 50% Ukrainern). 1940 wurde Bessarabien von der Sowjetunion okkupiert, 1944 der UdSSR eingegliedert, wobei Teile, wie die Nordbukowina, an die Ukraine gegeben wurden.

Die durch die Industrialisierung ins Land gekommenen Russen (13% bei einer Gesamtbevölkerung von 3,5 Millionen) und Ukrainer (14%) fürchten heute einen erneuten Anschluß des Landes an Rumänien und fordern deshalb eine autonome Republik innerhalb Moldawiens, ähnlich den Gagausen (3%), einer christlich-orthodoxen, aber türkischen Minderheit des Landes.

5. *Die baltischen Länder*

Im Zuge der slawischen Besiedlung wurden in Nord-Rußland die nicht-indogermanischen Stämme der Esten verdrängt und die Liven von den Letten assimiliert. Im Gebiet des heutigen Estland und Lettland waren es vor allem niederdeutsche Kaufleute der

Hanse (1203 Riga, 1219 Reval gegründet), beziehungsweise deutsche Ordensritter (1255 Königsberg), die im Mittelalter tonangebend waren. Das unter den Ordensrittern vereinigte estnisch-lettische Gebiet trug den Namen Livland. Ursprünglich vom polnischen König gegen die heidnischen Pruzzen (= Ostpreußen) zu Hilfe gerufen, wurden die Ritter 1410 bei Tannenberg von einem polnisch-litauischen Heer geschlagen. Als Schweden im 17. Jahrhundert Vormacht im Ostseeraum wurde, beschnitt es die Rechte der deutschen Adligen im Baltikum gegenüber den leibeigenen Bauern, da es selbst keine Leibeigenschaft kannte. Daraufhin orientierten sich die Deutschen nach Rußland, so daß Peter der Große 1721 Livland seinem Reich einverleiben konnte. So wurde Immanuel Kant 1770 von der russischen Zarin Katharina II. in Königsberg zum Professor für Logik und Metaphysik ernannt. Noch bis zur Mitte des 19. Jahrhunderts dominierte hier der grundbesitzende deutsche Adel. Dieser Einfluß erklärt auch die konfessionelle Zugehörigkeit der hiesigen Bevölkerung zur evangelisch-lutherischen Christenheit.

Die Litauer (siehe Kapitel 10) dagegen wurden durch ihre schon beschriebene Union mit Polen zu Katholiken. (Es gibt eine kleine muslimische Minderheit, tatarische Karaimen, die im 14. Jahrhundert als Soldaten ins Land geholt worden waren.) Nach den Teilungen Polens kam auch Litauen zu Rußland. Der Zar siedelte hier gezielt russische Bauern an, meist in Rußland selbst verfolgte Raskolniki.

Die Unabhängigkeitsbestrebungen aller drei Völker ab dem 19. Jahrhundert richteten sich sowohl gegen Russen wie gegen Polen und Deutsche. Nach dem Ersten Weltkrieg hatten Litauer, Esten und Letten eine kurze Selbständigkeit erreicht. Litauen, mit seiner von Polen bewohnten Hauptstadt Wilna und dem Memelgebiet mit überwiegend deutscher Bevölkerung wurde 1939 nach dem Vordringen der deutschen Truppen nach Osten ebenso in ein Militärbündnis mit der Sowjetunion gedrängt wie Estland und Lettland; dieses Bündnis mündete jeweils in die Aufnahme in die UdSSR. Die Industrialisierung (vor allem Rüstungsindustrie) brachte auch hier viele Russen ins Land, deren Dominanz jedoch im katholischen Litauen wegen der dortigen hohen Geburtenrate nicht so folgenreich war wie in den Nachbarrepubliken (80% Litauer bei knapp 4 Millionen Einwohnern, neben je 10% Russen und Polen; die Letten stellen bei 1,5 Millionen Einwohnern in Lettland 54% neben 33% Russen; die Esten 65% gegenüber 28% Russen).

Die Balten waren die ersten im sowjetischen Staatsverbund, die 1989, bzw. 1990 ihre Souveränität wiederherstellten.

B. Dschingis-Khans muslimische Erben

Im 13. Jahrhundert entstand von Innerasien her das riesige Mongolenreich Dschingis-Khans. Der Großteil dieser Stammeskoalition war turksprachig. Die wirtschaftliche Grundlage des Reiches waren die Tributzahlungen der unterworfenen Völker. Zu ihnen gehörte auch das Volk der Kiewer Rus'. Die Erben Dschingis-Khans teilten das Reich auf. Rußland kam an die Goldene Horde (= reiches Heer).

Die gemeinsame Geschichte, mehr noch als die Gemeinsamkeit des muslimischen Glaubens (siehe Kapitel 15), verbindet bis heute die Völker der Tataren, Baschkiren, Tadschiken, Turkmenen, Usbeken, Kasachen und Kirgisen.

1. Tataren

Mit knapp 7 Millionen gehörten die Tataren zu den eher großen Nationen der Sowjetunion, aber sie verfügen nur an der Wolga über eine autonome Republik, wo sie zudem nur 49% der Einwohner stellen. Nachdem Ivan IV. 1522 die Tataren-Khanate Kasan und Astrachan unterworfen hatte, lebten die Tataren meist als Kaufleute, die als Muslime dem Zarenreich Zugang zu den mittelasiatischen Märkten verschafften. Erst im 19. Jahrhundert, als Rußland Mittelasien in seine Gewalt gebracht hatte, wurden sie von russischen Kaufleuten verdrängt. 1920 wurde an der Wolga die Tatarische Sowjetrepublik gegründet. Mit dem wachsenden russischen Nationalismus unter Stalin wurden die national-russischen Geschichtsmythen wieder lebendig, und die Tataren erschienen erneut als gefährliche Nachkommen der Erbfeinde Rußlands.

Das Tataren-Khanat auf der Krim hatte sich länger halten können. Gegen Ivan suchte es Rückhalt beim Osmanischen Reich und wurde so zum halbautonomen osmanischen Protektorat, das erst 1783 von Katharina II. dem russischen Reich einverleibt werden konnte. Ihr Günstling, Fürst Potjemkin, siedelte auf der Krim in großer Zahl Russen an.

Den Krim-Tataren war nach dem Zweiten Weltkrieg Kollaboration mit den Deutschen vorgeworfen worden, weswegen die gesamte tatarische Bevölkerung von hier nach Sibirien deportiert wurde; die Krim verlor ihren Status als autonome Republik (das war sie seit 1921 gewesen). Obwohl schon 1967 rehabilitiert, dürfen die Tataren erst seit 1988 dorthin zurückkehren.

2. *Baschkiren*

Den Tataren sprachlich verwandt sind die sunnitischen Baschkiren, die ebenfalls im 16. Jahrhundert von Rußland unterworfen wurden. Bis zum Einfall der Mongolen hatten sie unter den türkischen Bulgaren gelebt, die sich im 7. Jahrhundert auf der Flucht vor den Hunnen an der Wolga niedergelassen und ihr Reich bis nach Thrakien und in ihre heutige Heimstatt ausgedehnt hatten, wo sie sich dann mit Slawen vermischt haben. Seit 1919 haben die Baschkiren eine autonome Republik (mit der Hauptstadt Ufa), in der sie selbst aber nur 24% der 3,8 Millionen Einwohner stellen.

3. *Tadschiken*

Die Urbevölkerung Turkestans sind die persisch-sprachigen Tadschiken; somit sind sie das einzige nichttürkische Volk im islamischen Mittelasien. Sie halten sich auch für das einzige Kulturvolk der Region. Im Unterschied zu den sonst schiitischen Persern sind die Tadschiken Sunniten. Ihre Heimat, ein Wüstenland, war Durchzugsgebiet für Nomaden, Reiterarmeen und Handelskarawanen. Oasenstädte wie Buchara, Samarkand oder Taschkent waren berühmt für ihren Reichtum und ihre Pracht. Seit dem 6. Jahrhundert drangen turksprachige Völker ein. Im 8. Jahrhundert unterstanden die Tadschiken arabischer Herrschaft, die im 12. Jahrhundert von den Mongolen abgelöst wurde. Als sich der Handel zwischen Europa und Ostasien zunehmend auf die neuentdeckten Seewege verlagerte, begann der Niedergang Turkestans. Rußland hatte es leicht, hier im 19. Jahrhundert einzudringen.

Um die Ausbeute der Baumwollkulturen zu erhöhen, schufen die Russen riesige Bewässerungssysteme. Die Monokultur wurde durch billige Weizenimporte aus der Ukraine noch mehr gefördert. Aus der einst als weißes Gold gefeierten Baumwolle wurde so der weiße Fluch.

Nach der Revolution von 1917 wurde Turkestan geteilt und Tadschikistan 1929 zu einer SSR, geschrumpft auf die gebirgige Region (Pamir) im Süden Turkestans.

Das Uran, das im Norden Tadschikistans vorkommt, wurde für die erste sowjetische Atombombe geliefert.

Die Tadschiken sind als erstes der muslimischen Völker der Sowjetunion gegen die kommunistischen Machthaber auf die Straße gegangen. In der GUS haben die Tadschiken die höchste Geburtenrate. Gibt es heute 5 Millionen Tadschiken, so wird für die Jahrtausendwende mit 7 Millionen gerechnet.

4. Turkmenen

Die Turkmenen haben eine lange Tradition, Reiche zu schaffen (Seldschuken, Osmanen). Bei ihrer Einwanderung nach Turkestan hießen sie noch Oghusen. Diese nannten ihre muslimisch gewordenen Stammesbrüder dann Turkmenen, als Inbegriff für streunendes Volk. Als Rußland im 19. Jahrhundert das Gebiet des heutigen Turkmenistans eroberte, zerstörte es denn auch kein Reich, sondern unterwarf sich hier autonome Nomaden.

Die SSR Turkmenistan entstand 1924. Das Hauptproblem auch dieser Republik ist der Baumwollanbau und die damit zusammenhängende Austrocknung des Aral-Sees (1989 hatte er bereits 65% seines ursprünglichen Inhalts verloren). Bei Lebensmitteln ist Turkmenistan (3,5 Millionen Einwohner) auf Importe aus Rußland und der Ukraine angewiesen.

5. Usbeken

Das 1924 geschaffene Usbekistan (mit turksprachiger Bevölkerung) leidet an denselben wirtschaftlichen und ökologischen Problemen wie die zuvor genannten Republiken.

Die Usbeken leiten sich vom östlichen Teil der Goldenen Horde her; seit dem 16. Jahrhundert führen sie ihren heutigen Namen. Von ihnen spalteten sich die Kasachen ab, die sich südlich der usbekischen Gebiete niederließen.

Ein ethnisches Problem hat Stalin den Usbeken beschert, indem er 1944 das Volk der muslimischen Mescheten aus dem christlichen Georgien hierher verpflanzt hat. Die zum Ende des Zweiten Weltkrieges nach Usbekistan zwangsumgesiedelten Deutschen und Krim-Tataren entwickelten größeren Ehrgeiz zum Aufstieg in der Verarbeitungsindustrie für Baumwolle als die einheimische Bevölkerung; auch waren ihre Russisch-Kenntnisse besser. So fühlen sich die Usbeken heute in ihrem eigenen Land zurückgesetzt.

Usbekisch war in den letzten Jahren der UdSSR Synonym für Korruption: der Zentralstaat überwies Millionen Rubel für nie produzierte Baumwolle.

Usbekistan ist mit 20 Millionen Einwohnern der größte islamische Staat der GUS und die zweitgrößte Turk-Nation der Welt.

6. Kasachen

Im 14. Jahrhundert haben sich die Kasachen von den

Usbeken abgespalten und sind in das Steppengebiet gezogen, das sie heute noch bewohnen. Islamisiert wurden sie erst im 18. Jahrhundert. Seit dem 17. Jahrhundert hatte Rußland vom Kaspischen Meer bis zum Altai-Gebirge eine Kette von Kosakenkolonien angelegt, die die Kasachen an Raubzügen ins Wolgagebiet und nach Westsibirien hindern sollte. Gegen Überfälle der Oiraten aus China suchten die Kasachen ihrerseits Schutz bei den Zaren, die Anfang des 19. Jahrhunderts die kasachische Souveränität beseitigten. Die fruchtbare Schwarzerde zog viele russische Bauern an. Nach der Oktoberrevolution und dem darauf folgenden Bürgerkrieg wurde Kasachstan eine autonome Republik und 1936 Sowjetrepublik.

Neben dem schon bekannten Baumwollproblem kommt hier als ökologische und ethnisch-soziologische Belastung noch die Erdöl- und Erdgasindustrie hinzu. Ferner ist Kasachstan durch die sowjetische Atomrüstung, vor allem durch die Anlagen bei Semipalatinsk, betroffen; auch hier arbeiten meist Zuwanderer aus den europäischen Teilen der einstigen UdSSR.

Der Islam kann bei der so spät bekehrten Titularnation keine über die ethnischen Grenzen verbindende Rolle spielen (von den 16 Millionen Einwohnern sind je 40% Kasachen und Russen).

7. *Kirgisen*

Auch die Kirgisen traten erst im 18. Jahrhundert zum Islam über (Sunniten). Unter russische Herrschaft kamen sie 1867. Noch bis 1925 wurden die Kirgisen mit den Kasachen identifiziert. Die Unterschiede in der Sprache der beiden Gruppen sind denn auch gering. Ihre Aufteilung entsprach der russischen Nationalitätenpolitik. 1926 erhielten die Kirgisen einen autonomen Status und 1936 wurden sie eine Sowjetrepublik. Kirgisien gehörte zu den am wenigsten entwickelten Regionen der Sowjetunion. Auch hier finden wir die aus der Baumwollmonokultur sich ergebenden ökologischen Probleme.

Kirgisien (4 Millionen Einwohner, davon 48% Kirgisen) ist die ethnisch uneinheitlichste der mittelasiatischen Republiken und hat wohl auch deswegen als letzte Sowjetrepublik seine Souveränität erklärt (11.12.1990).

C. Die Kaukasus-Region: Ein ethnographisches Museum

Das mächtige Massiv des Großen Kaukasus riegelt den Zugang von den südrussischen Steppengebieten zum Iran und zu den anatolischen Hochebenen ab. An seinem Nordhang liegen eine Fülle autonomer Gebiete (mit über 80 verschiedenen Sprachen), die zur Russischen Republik gehören (zum Beispiel das der Tscherkessen, Tschetschenen, Inguschen, Awaren, Laken oder der buddhistischen Kalmyken). Die Mehrheit der Völker dieser Region zählt zum sunnitischen Islam und ist meist turksprachig, aber einige, wie die Osseten (einst Alanen genannt), auch zur iranischen Völkerfamilie gehörig (während die Süd-Osseten Christen sind − Stalins Mutter gehörte dieser Gruppe an, gehören die Nord-Osseten zum sunnitischen Islam). Bis zum 18. Jahrhundert lag dieses Gebiet noch weit von Rußland entfernt, denn auch nachdem Moskau im 16. Jahrhundert die tatarischen Khanate von Kasan und Astrachan erobert hatte, blieb der Kaukasus eine schier uneinnehmbare Festung. Erst als unter Katharina II. 1783 das Krim-Khanat an Rußland fiel, war der Weg nach Süden frei. 1784 schloß Rußland einen Schutzvertrag mit dem georgischen Königreich gegen die Perser und die Osmanen. Moskau wollte ein Bündnis der christlichen Völker dieser Region (neben den Georgiern auch die Armenier) gegen die muslimischen zustande bringen. Die Gebiete der heutigen Republiken Aserbaidschan und Armenien waren muslimische Khanate. Der Eroberung folgten massenhafte Umsiedlungen, die ein gemeinsames Handeln der dort Ansässigen gegen die russische und sowjetische Vormacht sowohl unter dem Vorzeichen des Islam wie auch des Pantürkismus verhindert haben und bis heute für Konflikte unter den Völkern der Kaukasus-Republiken sorgen. Dagegen wurde die Einwanderung von Christen, vor allem von Armeniern, gefördert (1830 hatte es in Eriwan neben 7 Kirchen noch 8 Moscheen gegeben). Aserbaidschan wurde in einen nördlichen und einen südlichen Teil (Nachitschewan) zerschnitten. Da die Georgier strategisch nicht so wichtig schienen, wurde ihnen weniger Eigenständigkeit gelassen, und sie wurden stärker an Rußland gebunden; ihr religiöses Oberhaupt, der Katholikos, wurde abgesetzt und die georgische Kirche dem Moskauer Patriarchen unterstellt (1821). Die Armenier aber siedelten nicht nur im russischen Reich, auch war ihre kirchlich-dogmatische Tradition eine andere als die russisch-orthodoxe, so wurde ihnen mehr Selbständigkeit gewährt. Sie waren den Zaren ein Instrument zur Destabilisierung des Osmanischen Reiches. Mit den Russen und Georgiern stellten die Armenier die Mehrzahl der Ingenieure und Arbeiter im Zentrum der Ölindustrie des 19. Jahrhunderts in Baku.

Nach dem Zusammenbruch des Zarenreiches erklärten sich die Georgier unter deutschem Protektorat 1918 für selbständig, die Aserbaidschaner unter türkischem Schutz und die Armenier sympathisierten mit den Briten. 1920 proklamierten der Russe Kirow, der Georgier Ordshonikidse und der Armenier Mikojan die Sowjetrepublik Aserbaidschan; Armenien und Georgien wurden von hier aus ebenfalls in Sowjetrepubliken umgewandelt, die alle drei 1922 zunächst zur Transkaukasischen Sowjetrepublik zusammengelegt, 1936 aber wieder getrennt wurden.

1. Georgien

Die Wurzeln des uralten Volkes der Georgier lassen sich bis ins 1. vorchristliche Jahrtausend zurückverfolgen. Damals lebten sie unter der Herrschaft des Reiches von Urartu am Van-See, dann unter dem aus der Argonautensage bekannten griechischen Kolchis an der Schwarzmeerküste.

Im 7. vorchristlichen Jahrhundert waren die Georgier selbständig als Königreich Iberien, bis sie Pompeius im Jahre 65 vor Christus der römischen Vorherrschaft unterwarf. Um 330 nach Christus erreichte die Georgier die christliche Botschaft; sie bildeten wie die Ägypter, Syrer, Griechen und Römer eine lokale Kirche mit eigener Sprache und liturgischen Bräuchen. Georgier zu sein hieß fortan Christ zu sein. (Die nicht-christlichen Georgier werden als Adscharen bezeichnet, sie sind sunnitische Muslime.) Ende des 5. Jahrhunderts erhielten die Georgier noch einmal ihre Selbständigkeit, bevor sie von den Persern unterworfen wurden. Im 8. Jahrhundert konnten sie ihre Zwischenlage zwischen Persern und Byzantinern zur erneuten Erringung der Selbständigkeit nutzen. Die Mongolen zerstörten 1235 auch dieses Reich. Die aus ihm hervorgegangenen halbautonomen Fürstentümer wurden 1510 eine Beute der Osmanen; Georgien wurde ein tributpflichtiges Königreich. Gegen die muslimischen Oberherren suchten die Georgier Rückhalt bei den orthodoxen russischen Zaren. So kam es zu dem erwähnten Vertrag von 1784, der zur Annexion von 1800 führte.

In einem Freundschaftsvertrag erkannte Sowjetrußland 1920 die Unabhängigkeit Georgiens an, das 1921 in den Völkerbund aufgenommen wurde. Dann kam die Zeit der Transkaukasischen Förderation und seit 1936 die Existenz als selbständige Sowjetrepublik.

Gorbatschows Kampagne wider den Alkohol mußten die Georgier, die guten Wein produzieren und lieben − ohne deswegen ein Alkoholismusproblem wie der Norden zu kennen − zwischen 1986 und 1988 13.000 Hektar Rebland opfern. Aber nicht nur das Verhältnis zur Zentralmacht war gespannt. Wegen der eigenen niedrigen Geburtenrate werden auch die nationalen Minderheiten im Land als Gefahr gesehen (neben offiziell je 10% Russen, Ukrainern und Armeniern leben nach inoffiziellen Schätzungen 20% Aserbaidschaner im Land, bei einer Gesamtbevölkerung von 4 Millionen).

2. Armenien

Zu Beginn des 1. Jahrtausends vor Christus sind armenische Stämme von Thrakien nach Ostanatolien gewandert und wurden zunächst dem Reich der Meder, dann durch Kyros dem Imperium der Perser einverleibt (siehe Kapitel 14). Pompeius unterstellte auch die Armenier insofern der römischen Herrschaft, als er sie einen Pufferstaat zwischen Römern und Parthern bilden ließ. Um 300 nahmen die Armenier das Christentum als Staatsreligion an – also noch vor der sogenannten Konstantinischen Wende im Römischen Reich. Dann verlor Armenien seine Staatlichkeit und geriet wieder unter persische Herrschaft. Damit war auch eine Teilnahme der armenischen Kirche an den als Reichsveranstaltungen gefeierten Konzilien der römisch-byzantinischen Kirche unmöglich. Im 7. Jahrhundert kamen die Armenier unter arabische Herrschaft. Als die Turkmenen im 11. Jahrhundert nach Transkaukasien und nach Anatolien vordrangen, zogen die Armenier nach Kilikien, wo sie am Mittelmeer mit Hilfe der lateinischen Kreuzfahrer einen neuen Staat gründen konnten, der aber die Kreuzfahrerzeit nicht lange überlebte; im 15. Jahrhundert gehörten die Armenier zum Osmanischen Reich. Jetzt gab es nur noch ein kleines Fürstentum im Kaukasus, wo ein armenischer Fürst die Selbständigkeit noch länger hat wahren können: Berg-Karabach. Aus dem Osmanischen Reich siedelten mehr und mehr Armenier ins orthodoxe russische Zarenreich über. Deswegen wollten die Armenier des Osmanischen Reiches im Ersten Weltkrieg auch neutral bleiben. Als dann auch noch der armenische Katholikos den russischen Zaren um Schutz für die unter türkischer Herrschaft lebenden Armenier bat, kam es dort 1915 zum Völkermord an den Armeniern. Im russischen Einflußbereich gründeten die Armenier 1920 die SSR Armenien.

Wegen ihres hohen Bildungsniveaus waren Armenier in der sowjetischen Wissenschaft überproportional vertreten. Auch ihre internationalen Kontakte zu den überall auf der Welt lebenden Armeniern sicherten den im Sowjetreich lebenden Armeniern (3,6 Millionen) eine Sonderstellung. Der Prozeß zur ethnischen Entflechtung in Armenien und Aserbaidschan läuft momentan am blutigsten ab.

3. Aserbaidschan

Im Altertum war dieses Gebiet unter dem Namen Albanien und als Heimat der Weinrebe bekannt. Ab dem 9. Jahrhundert setzte die Einwanderung der heutigen Turkbevölkerung ein. Als Besonderheit unter den Turkvölkern gelten die Aserbaidschaner (6 Millionen), weil sie im 13. Jahrhundert den schiitischen Islam angenommen haben, was durch die damalige persische Herrschaft zu erklären ist.

Im 16. Jahrhundert holte der Safawiden-Herrscher Abbas die Armenier in seine Residenzstadt Isfahan, um eine Seidenindustrie aufzubauen. Vor allem nach dem Völkermord an den Armeniern im Osmanischen Reich wurden viele Armenier in Aserbaidschan angesiedelt, wofür aber Aserbaidschaner vertrieben wurden. Zwischen 1918 und 1920 gab es die erwähnte Republik Aserbaidschan, 1936 wurde sie eine Sowjetrepublik. 1941 installierten die Sowjets für die Kurden auf aserbaidschanischem Gebiet die kurzlebige Republik Mahabad. Der aserbaidschanische Obstgarten ist heute durch Pestizide schwer belastet.

D. Einwanderer

Neben den genannten Völkern, die alle ins russische und sowjetische Reich integriert waren, hat es noch Einwanderer aus Völkern gegeben, deren Staaten nicht in dieses Imperium eingegliedert worden sind. Zu nennen sind hier die Juden (1 Million) und die Deutschen (2 Millionen).

Wenn von osteuropäischen Juden die Rede war, dann meist von der relativ großen Gruppe ashkenasischer (Ashkenas = mittelalterliche hebräische Bezeichnung für Deutschland) Juden, deren hauptsächliches Siedlungsgebiet einst das polnisch-litauische Reich war. Neben ihnen gab es im Sowjetreich noch die Sepharden, aus Spanien ins Osmanische Reich geflüchtete Juden, die in Rußland vor allem auf der Krim angesiedelt waren. Nach der immer wieder gemachten Erfahrung von Antisemitismus ist heute die Bereitschaft der Juden zur Auswanderung sehr groß.

Von Katharina II. und Alexander I. wurden auch Bauern aus den deutschen Staaten ins Land geholt, vor allem an die Wolga, nach Wolhynien, Bessarabien, an die Schwarzmeerküste und auf die Krim. Diese Bauern schlossen sich nach ihrer Konfession zusammen und verstanden sich nicht als einheitliche deutsche Gruppe. Da sie nicht Leibeigene waren wie die russischen Bauern, waren sie in ihrem Wirtschaften erfolgreicher, bis 1864 die Leibeigenschaft allgemein aufgehoben wurde. 1918 erhielten die Wolgadeutschen die Autonomie (beim Aufbau der Republik wirkte der spätere Berliner Bürgermeister Ernst Reuter mit). 1924 wurde diese Republik zu einer autonomen Sowjetrepublik. Nach dem Überfall Hitler-Deutschlands auf die Sowjetunion wurde die Republik aufgelöst und die Deutschen wurden nach Mittelasien deportiert, wo sie heute in der kasachischen Hauptstadt Alma Ata (1884 gegründet, seit 1929 Hauptstadt) ihr Zentrum haben. Bei ihrem verständlichen Wunsch nach Rücksiedlung ist zu bedenken, daß sie nicht in unbewohntes Gebiet heimkehren können.

So zeigt auch das letzte Beispiel, daß durch das russische Zaren- und Sowjetreich vielen Völkern und Nationen Willkür zugefügt worden ist. Unrecht, das sich im Laufe der Geschichte angesammelt hat, darf heute wieder offen benannt werden. Bevölkerungsgruppen wurden zwangsverschoben oder zogen freiwillig der Arbeit nach und lebten dann als privilegierte und isolierte Fremde unter anderen Nationalitäten. Kulturelle Eigenheiten und die Geschichte der nicht-slawischen Völker wurden unterdrückt. Wiedergutmachung wird gefordert, die sich oft erst einmal als Scheidung der Ethnien zeigt. In dem Bemühen, einen einheitlichen Staat zu schaffen, wurde aber die Wirtschaft in dem Riesenreich so geordnet, daß heute ein getrenntes Überleben der einzelnen Republiken kaum möglich scheint. Wenn nun die nationalen Konflikte jegliche wirtschaftliche Vernunft, die ein Zusammenarbeiten fordert, überlagern, droht ein Sturz der Völker der einstigen Großmacht UdSSR auf den Stand von Dritte-Welt-Ländern.

Requiem mit den Roten Zaren?

Patriarch Aleksij II. von Moskau und Ganz Rußland wurde kurz nach seiner Wahl im Juni 1990 in einem Interview der Literaturnaja gazeta, dem Organ des sowjetischen Schriftstellerverbandes, um einen Vergleich der Rolle der katholischen Kirche Polens mit der der Russisch-Orthodoxen Kirche beim politischen und gesellschaftlichen Wandlungsprozeß in ihren jeweiligen Staaten gebeten. Die Sympathien des Interviewers lagen eindeutig bei dem Verhalten der polnischen Kirche. Der Patriarch aber reagierte verärgert auf diesen Vergleich: Die katholische Kirche habe auch nicht so viel gelitten wie die Kirche des Moskauer Patriarchats – und das fast während ihrer ganzen langen Geschichte.

Faktum ist: Die Russisch-Orthodoxe Kirche stand immer loyal zu den Machthabern und mußte bei Umbrüchen stets nachziehen. Theologisch begründet wurde diese Haltung mit der christologischen Zwei-Naturen-Lehre: So wie sich im Erlöser Jesus Christus göttliche und menschliche Natur zu einer Person verbunden haben, so gehören auch Kirche und Staat zu dem einen Körper der menschlichen Gesellschaft zusammen. Diese Theologie aber folgt dem geschichtlichen Entwicklungsprozeß.

Als die Fürsten der Ostslawen untereinander um den Vorrang stritten, verschaffte sich der Kiewer Fürst durch die Kontaktaufnahme zu Byzanz einen Vorteil und wurde daraufhin Großfürst. 988 entschied sich

Großfürst Vladimir I. für die Annahme des Christentums; er hatte beschlossen, dieses nicht von den benachbarten lateinischen Polen zu übernehmen, sondern den auf dem Höhepunkt seiner Macht stehenden Kaiser von Byzanz zu seinem Taufpaten zu erwählen. Vladimir schickte deshalb Gesandte nach Konstantinopel zu Kaiser Basileios: "Der Kaiser fragte die Gesandten, weshalb sie kämen, sie aber erzählten ihm alles, was geschehen war. Als der Kaiser das hörte, freute er sich, und er erwies ihnen alle Ehre an diesem Tag. Am nächsten Morgen schickte er zum Patriarchen und sprach: Es kamen Russen und erkundigten sich nach unserem Glauben. Schmücke festlich die Kirche und den Klerus und leg' selbst die bischöflichen Gewänder an, damit sie die Herrlichkeit unseres Gottes sehen."

Diese Prachtentfaltung hat offensichtlich ihre Wirkung nicht verfehlt, denn, zu Hause angekommen, berichteten die Kundschafter: "Die Griechen führten uns hinein, wo sie ihrem Gott dienen. Und wir wissen nicht, ob wir im Himmel waren oder auf der Erde. Es gibt auf der Erde keinen solchen Anblick und solche Schönheit, und wir sind nicht imstande, es zu erzählen. Nur das wissen wir, daß Gott dort mit den Menschen ist. Und ihr Gottesdienst ist besser als der aller Länder."

Das Christentum wurde bei den Ostslawen aber nicht auf Griechisch eingeführt, sondern in ihrer slawischen Sprache: Vladimir wollte seine Herrschaft nicht in Abhängigkeit vom griechischen Kaiser und dessen Kirche bringen, nicht eine von einer Mutterkirche abhängige Tochter schaffen. Dies unterstützten auch die ersten Mönche seines Reiches durch ihre theologische Darstellung der Anfänge der russischen Kirche: "Der Dnjepr fließt in drei Mündungen in den Pontos; dieses Meer heißt das Russische (= Schwarzes Meer). An seiner Küste lehrte, wie man sagt, der hl. Andreas, des Petrus Bruder. Als Andreas in Sinope lehrte und nach Cherson (= Krim) kam, erfuhr er, daß nahe bei Cherson die Dnjepr-Mündung sei. Und da er nach Rom wollte, fuhr er in die Dnjepr-Mündung und von da an den Dnjepr aufwärts. Am Fuß der Anhöhen machte er halt. Und als er am anderen Morgen aufgestanden war, sprach er zu den Jüngern, die mit ihm waren: Seht ihr diese Berge? Über diesen Bergen wird Gottes Gnade leuchten und eine große Stadt wird hier entstehen und viele Kirchen wird Gott errichten. Und Andreas ging die Anhöhen hinauf, segnete sie und errichtete ein Kreuz, wo hernach Kiew entstand." Die russische Kirche sieht sich also als eine apostolische Kirche wie die römische und die griechische.

Aus demselben Kreis stammt auch die Deutung der Machtübernahme durch Vladimirs Sohn Svjatopulk: Um keine Zweifel an der Nachfolgeregelung aufkommen zu lassen, schickte Svjatopulk ein Heer von Soldaten gegen seine Brüder Boris und Gleb; da diese keinen Bruderkrieg wollten, lieferten sie sich schutzlos ihrem Mörder aus. Damit war das Ideal des Gewalterdulders formuliert, das freiwillig angenommene Selbstopfer, sakralisiert in der Ikone von Christus, der die Kreuzesleiter freiwillig hinaufsteigt. Dies wurde zur Haltung der Kirche gegenüber den Machthabern. Gefragt, warum sich die Russisch-Orthodoxe Kirche nicht vor aller Welt über die staatlichen Mißhandlungen beschwere, antwortete nach dem Zweiten Weltkrieg Patriarch Aleksij I: "Wie kann sich eine Mutter bei Fremden beschweren, daß ihr Sohn sie schlägt."

Wohl predigte die Kirche Kampfesmut, wenn es um äußere Feinde ging. So wurde der Krieg Alexander Nevskijs gegen die lateinischen Schweden und die christlichen Ritter des Deutschen Ordens durch Predigten der Mönche unterstützt (1240).

Nachdem die Tataren die untereinander zerstrittenen Ostslawen 1241 besiegt und das Kiewer Reich zerstört hatten, übersiedelte das kirchliche Oberhaupt der orthodoxen Russen ins heranwachsende neue Machtzentrum nach Moskau (1326). Auch jetzt wurden die Mönche nicht müde, dazu aufzurufen, das Tatarenjoch abzuschütteln, unter dem die Russen bis 1552 litten. Als die Tataren dann besiegt waren, konnte sich der Herrscher aller Reußen endlich Zar, Selbstherrscher, nennen und das Haupt der russischen Kirche Patriarch (1589).

Wenn dann der nun stark gewordene Moskauer Staat Gebiete eroberte, folgten den Soldaten oft die Missionare; im 14. Jahrhundert leistete die Kirche bei den Syrjänen (= Ostfinnisches Volk) sogar Vorreiterfunktion.

Besonders eng war das Verhältnis zwischen Kirche und Staat zur Zeit des ersten Romanov-Zaren: Michaels Vater leitete als Patriarch Filaret die russische Kirche. Dessen Nachfolger, Patriarch Nikon, hatte die verwandtschaftliche Komponente in diesem speziellen Fall wohl übersehen; als auch er den Zaren wie einen Minderjährigen väterlich lenken wollte, mußte er scheitern.

Nikon aber blieb der ideelle Vorrang: Die weiße Mitra des Patriarchen sei die Krone, die von Christus komme, die pelzbesetzte Krone des Zaren dagegen gehe nur auf den byzantinischen Kaiser Konstantin zurück.

Aber auch Nikon sorgte sich um das Wohlergehen des Staates: Nachdem Moskau die seit 1349 unter litauisch-polnischer Herrschaft stehende Ukraine erobert hatte (1654), half die Kirche bei der Eingliederung der Bevölkerung in den orthodoxen Staat, indem sie die eigenen liturgischen Bräuche denen der ebenfalls zur byzantinischen Tradition gehörenden Ukrainer anglich.

In der Russisch-Orthodoxen Kirche führte dies jedoch zum Bruch (= Raskol). Viele Russen konnten nicht verstehen, daß die Überlieferung der zuvor wegen ihrer Union mit dem lateinischen Westen geschmähten Glaubensbrüder plötzlich die bessere sein sollte. Diese "Altgläubigen" erkannten nicht die staatliche und kirchliche Strategie, die durch ein für die ganze orthodoxe Welt einheitliches, am Griechischen orientiertes Ritual die Vorherrschaft über die Gesamtorthodoxie anstrebte.

Als der russische Kaiser Peter der Große sein Reich nach Westen öffnete und dabei seine Residenz aus dem konservativen Moskau nach Petersburg verlegte, folgte ihm die kirchliche Hierarchie nicht. Nach dem Tod des damaligen Patriarchen Adrian ließ Peter denn auch dessen Stuhl unbesetzt; die Kirche sollte fortan wie die weltlichen Behörden durch ein Kollektivorgan geleitet werden, durch den "Heiligsten Regierenden Synod", mit einem staatlichen Prokurator als Aufpasser.

Ein kleines Zeichen der Vergeltung und des Widerstands ist der Kirche wohl gelungen: Die Kathedrale des neuen Regierungssitzes wurde an Peters Geburtstag, dem 30. Mai, eingeweiht und erhielt dabei den Namen des Tagespatrons, des heiligen Isaak: Dieser konstantinopolitanische Mönch hatte einst (4. Jahrhundert) dem als nicht mehr rechtgläubig angesehenen Kaiser Valens widersprochen.

Aber nicht nur die äußere, auch die innere Kraft der Kirche schien gebrochen, beziehungsweise versiegt: Als Peters Tochter Elisabeth eine Erklärung der orthodoxen Liturgie erbat, konnten ihr weder die Bischöfe noch die kirchlichen Ausbildungsstätten helfen.

Katharina II. säkularisierte umfassend kirchlichen Besitz und machte so viele Klöster von staatlichen Zahlungen abhängig. Als der Metropolit von Rostov dagegen opponierte, wurde er von dem Heiligsten Synod erst ins Kloster gesteckt, degradiert und schließlich dem Staat übergeben, der ihn in den Kasematten der Festung Reval umbringen ließ.

In der Kirche standen sich in der Frage des Besitzes zwei Richtungen gegenüber. Während die Josiflianer (benannt nach Josef von Volokolamsk) die Meinung vertraten, die Kirche dürfe, ja müsse sogar Besitz haben, um ihre Unabhängigkeit zu wahren, wünschten sich die Anhänger des Nil Sorskij eine Kirche, die nur durch ihre geistig-geistliche Macht wirkt — die Position der "Starzen", denen Dostojewski in den "Brüdern Karamasow" ein literarisches Denkmal gesetzt hat.

Nach den drei Teilungen Polens (1772/1793/1795) arbeiteten Kirche und Staat aber wieder einträchtig bei der Russifizierung der zum Zarenreich gekommenen Bevölkerung zusammen. Ebenso wurde nach der Annexion Georgiens (1804) die dortige Kirche mit staatlichem Druck dem Moskauer Patriarchat eingegliedert. Auch als Instrument der Außenpolitik ließ sich die Kirche einsetzen: 1791 wurde das orthodoxe Rußland Schutzmacht aller im muslimischen Osmanischen Reich lebenden östlichen Christen.

Während dann zu Beginn des 20. Jahrhunderts die Bevölkerung des Reiches nach neuen Formen gesellschaftlichen und staatlichen Lebens suchte, versanken der Hof und die Kirche in dämonischem Obskurantismus, symbolisiert durch den sibirischen Bauernmönch Rasputin. Das Zarentum war aber auch durch diesen selbsternannten Wunderheiler nicht mehr zu retten. Im Gefolge des Ersten Weltkrieges mußte Nikolaus II. 1917 zurücktreten.

Die Kirche aber gab dem Volk durch die Wahl eines Patriarchen wieder einen Vater.

Patriarch Tichon hielt die kommunistische Sowjetmacht für einen vorübergehenden Spuk und exkommunizierte die "Feinde Christi", wofür er 1922 ins Gefängnis gesteckt wurde, aus dem er erst nach einer Reueerklärung kurz vor seinem Tod (1925) herauskam.

Von den 1914 noch 52.000 Kirchen waren bald (1941) nur noch 500 geöffnet. Um das Überleben der Russisch-Orthodoxen Kirche zu ermöglichen, aber auch in Befolgung des seit Vladimir beschrittenen Weges der Zusammenarbeit der Kirche mit dem Staat, gab Metropolit Sergij 1927 als Patriarchatsverweser eine Loyalitätserklärung der Kirche gegenüber dem Sowjetstaat ab: "Die Sowjetunion ist unsere irdische Heimat. Ihre Freuden und Erfolge sind auch unsere."

Aber erst der Angriff Hitler-Deutschlands auf die Sowjetunion brachte für die Kirche wieder Luft zum Leben. Sergij rief das Volk zum "Vaterländischen Krieg" auf, wofür er 1943 zum Patriarchen gewählt werden durfte. Um die Reaktivierung der Kirche unter Kontrolle zu halten, wurde im selben Jahr der "Rat für die Angelegenheiten der Orthodoxen Kirche" beim Ministerrat der UdSSR gegründet. Es konnten auf alle Fälle wieder Kirchen geöffnet werden; beim Tod Stalins (1953) gab es 22.000 "arbeitende" Kirchen. So pries denn auch Patriarch Aleksij I. den "großen Führer unseres Volkes" als "große moralische Kraft" und versicherte ihn "mit tiefer, glühender Liebe" des "ewigen Gedenkens".

Gegen diese Linie der Kirchenleitung hat es aber auch innerkirchliche Proteste gegeben — und dort beinahe mehr als im westlichen Ausland; bekannt geworden ist im Westen vor allem der Priester Gleb Jakunin. Bei Inhaftierung und Degradierung von Kritikern arbeiteten kirchliche Hierarchie und Sowjetstaat meist einträchtig zusammen.

1961 wurde die Russisch-Orthodoxe Kirche Mitglied im Ökumenischen Rat der Kirchen; hier war es ihre vom Staat gewünschte vorrangige Aufgabe, die Friedensliebe des kommunistischen Imperiums zu verkünden. Diese Sicht von der friedliebenden Staatsführung wurde auch nicht durch den Einmarsch der Sowjettruppen in die Tschechoslowakei getrübt; dieser Gewaltakt des Jahres 1968 wurde vom damaligen Patriarchen Aleksij I. und mehreren Mitgliedern des Heiligsten Synod gerechtfertigt. Ebenso der Einmarsch in Afghanistan 1979.

Diese andauernde Zusammenarbeit belegt auch ein 1974 in den Westen gelangter Bericht des damaligen Leiters des staatlichen Kirchenrates, Furov. Demnach läßt sich der Klerus einteilen in ein Gros, das sich streng an die staatlichen Kultgesetze hält und keine besonderen kirchlichen Aktivitäten entwickelt. Kirchlich Aktive dagegen, die die Rolle des Glaubens und der Kirche im Leben des einzelnen stärken wollen, müssen mit einer Versetzung in entlegene Gebiete rechnen.

Bei der Lektüre dieses Berichtes ist selbstverständlich mitzubedenken, daß der Verfasser wohl auch gezwungen war, einen Erfolg seiner effektiven Kontrolle über die Kirche vorzuweisen. Aber auch Furovs Nachfolger, Chartschow, stellte 1989 fest, daß "die allgemeine

Geistlosigkeit auch die Kirche in Mitleidenschaft gezogen" habe.

Auch der letzte Generalsekretär der KPdSU konnte sich der Unterstützung durch die Hierarchie der russischen Kirche sicher sein. Das Regierungsorgan Iswestija druckte ein Schreiben des Patriarchen Pimen, in dem dieser Gorbatschow die Unterstützung im Friedenskampf zusicherte. So umwarb denn Gorbatschow auch die Russisch-Orthodoxe Kirche, in der er eine moralische Autorität sah, sich einen Bundesgenossen für die Erneuerung der sowjetischen Gesellschaft erhoffte. Dies machte er 1988 deutlich, als er Patriarch Pimen im Katharinensaal des Kreml empfing. Darüber berichteten Prawda und Iswestija auf ihren Titelseiten. Anlaß dieses Treffens waren die Millenniumsfeierlichkeiten der russischen Kirche. Der Staat wollte sich an dieser Feier beteiligen, vor allem, um im Ausland nicht den Eindruck entstehen zu lassen, daß allein die Kirche für 1000 Jahre Kultur verantwortlich zeichne.

Das Moskauer Patriarchat hat im Zusammenhang mit dem Jubiläum viele Kirchen zurückbekommen und neue Gemeinden gründen können, von 6893 im Jahr 1988 stieg die Zahl auf 9734 Kirchen im Jahr 1989.

Daraus wird denn auch verständlich, daß die Kirche im immer schneller zerfallenden Sowjetreich auf der Seite der bremsenden/bewahrenden Kräfte zu finden war: Die Kirche werde ihre Autorität nicht zu einer Zuspitzung der Konfrontation zwischen dem Volk und der Obrigkeit benutzen − so Patriarch Aleksij II. im Juni 1990.

Im Mai 1990 starb Patriarch Pimen, und innerhalb einer erstaunlich kurzen Zeit war ein neuer Patriarch gewählt, der aus deutsch-baltischer Familie stammende, 1929 im damals selbständigen Estland geborene Baron Ridiger, als Patriarch Aleksij II. Der Neugewählte war bekannt als Freund Gorbatschows.

Die Schnelligkeit, mit der die Wahl über die Bühne ging, wirft Fragen auf: Zu dem Landeskonzil, das die Wahl des Patriarchen vorzunehmen hat, gehören auch Abgesandte der Diözesen und Gemeinden — konnten sie an der Basis gewählt werden, oder sorgten Hierarchen durch von ihnen bestimmte Delegierte für einen "glatten" Verlauf der Wahl? Sollte durch das rasche Vorgehen ein anderer Kandidat verhindert werden?

Dann kam der Putsch vom August 1991. Jetzt war der Hierarchie offensichtlich kein so schnelles, geschlossenes Handeln möglich. Die Stimmen, die vernommen wurden, waren uneinheitlich: Der Patriarch verlangte, daß der Präsident der UdSSR sich selbst erklären können müsse, und er appellierte an die Ordnungskräfte, Blutvergießen zu vermeiden. Metropolit Filaret von Kiew dagegen lobte den Putsch als Normalisierung. Metropolit Kyrill vom Außenamt des Moskauer Patriarchats forderte die in jenen Stunden in Moskau tagenden Exilrussen auf, den Putschisten eine Grußbotschaft zukommen zu lassen. Metropolit Pitirim von der Verlagsabteilung der Kirche verbot den Arbeitern seines Hauses, sich den Verteidigern des Weißen Hauses (dem Sitz Jelzins) anzuschließen; auch eine Andacht wollte er für sie nicht halten. In seinem ersten Auftritt vor dem Allunionsparlament nach dem Putsch gab der Patriarch als Deputierter Meinungsunterschiede in der Hierarchie zu; eine Woche später wollte er jedoch diesen Eindruck in einem Zeitungsartikel korrigieren. In einem Hirtenwort betonte er vor allem die Chance zu Reformen und innerer Erneuerung der Kirche.

Dafür aber gibt es bislang noch keine äußerlich sichtbaren Zeichen. Alles scheint dagegen darauf hinzudeuten, daß die Russisch-Orthodoxe Kirche an der byzantinischen Illusion von Harmonie zwischen geistlicher und weltlicher Gewalt festhält. Als ein Beleg dafür mögen die Hierarchen gelten, die sich in der als extrem nationalistisch-chauvinistisch eingestuften Pamjut-Bewegung (= Gedächtnis) engagieren; ihre Weltanschauung verbindet russischen Nationalismus mit Orthodoxie.

So ist auch kaum eine friedensstiftende oder nur sichernde Rolle der Russisch-Orthodoxen Kirche in der Auseinandersetzung um die Hinterlassenschaft des Sowjetimperiums zu erwarten: Nicht gegenüber den ebenfalls in der byzantinischen Tradition lebenden, aber unierten Christen der Ukraine und ebensowenig gegenüber den nicht-orthodoxen, nicht-slawischen Ethnien.

Es geht hier nicht darum, eine "chronique scandaleuse" zu schreiben. Auch sollen die Leiden, die die russische Kirche − nicht nur unter den kommunistischen Machthabern − erduldet hat, nicht in Abrede gestellt werden. Aber ein Blick auf die geschichtlich geprägte Vorstellung vom Verhältnis Kirche − Staat der Russisch-Orthodoxen Kirche kann uns vielleicht helfen, den von dieser Kirche erwarteten Beitrag im Umwandlungsprozeß der Nachfolgestaaten der UdSSR realistischer einzuschätzen. Ginge es um ein Urteil über das Verhalten dieser Kirche im Sowjetstaat, so wäre es vielleicht tatsächlich angebracht, die zu bleiben, als die die Slawen uns Deutsche bezeichnen: als Njemzi − Schweigende.

Die Russen: Asiaten oder Europäer?

Jedes größere Reisebüro, das auf sich hält, bietet momentan Fahrten nach Sankt Petersburg an; da gibt es einen gewissen Nachholbedarf beim Publikum. Nicht mehr Leningrad will die Stadt seit 1991 heißen, aber auch nicht Petrograd, sondern Sankt Petersburg. Jeder soll gleich erkennen: Wir wollen nicht nur das Fenster Rußlands zum Westen sein, wir wollen selbst zum Westen gehören. Zar Peter der Große hat diese Stadt 1703 gegründet und sie zu seiner Residenz gemacht. Und wenn die Touristen heute kommen, wohlgeordnet und in organisierten Gruppen, wie es für uns am leichtesten und für die Russen noch am gewohntesten ist, dann zeigt man ihnen den Winterpalast, die Isaak-Kathedrale, die Peter-und-Pauls-Festung, und weiter geht es auf dem Nevskij-Prospekt hinaus zum Alexander-Nevskij-Kloster. Denn wie der erste ostslawische Staat, die Kiewer Rus', mit dem Höhlenkloster sein geistig-geistliches Zentrum gehabt hat und Moskau das Sankt-Sergius-Dreifaltigkeits-Kloster (siehe Kapitel 5), so hat Zar Peter für sein Kaiserreich das Alexander-Nevskij-Kloster gebaut.

Nevskij, diesem Namen begegnet man hier öfter. Wer war das? Um diesen Heiligen vorzustellen, müssen wir etwas weiter ausholen.

Die Slawen haben ihre Urheimat im Gebiet der heutigen Ukraine. Sie lebten dort in Stammesverbänden; es gab keinen überstammlich organisierten slawischen Staat. Um 400 nach Christus begann ein Teil der slawischen Stämme süd- und westwärts zu wandern; einige kamen auf diesem Weg bis auf den Peloponnes.

Eine erste bedeutende slawische Herrschaftsbildung finden wir um 630 in Böhmen. 200 Jahre später war es dann das Großmährische Reich, das auf seinem Höhepunkt eine große Zahl von Slawenstämmen vereinte. Hier rangen das Franken- und das Byzantinische Reich mittels lateinischer beziehungsweise orthodoxer Missionare um Einfluß; die katholischen Bayern haben sich schließlich durchgesetzt. Durch den Einfall der Ungarn wurde Großmähren um 900 vernichtet. Die Ungarn ließen sich in der Pannonischen Ebene nieder und trennten damit die Nord- von den Süd-Slawen (= Yugo-Slawen).

Um die Jahrtausendwende gelang es der slawischen Familie der Premysliden, ihre Herrschaft über Böhmen und Mähren auszudehnen; sie mußte aber die Oberhoheit des fränkisch-deutschen Kaisers anerkennen. Ebenso erging es den polnischen Piasten. Ihre beiden Staaten wurden zugleich fest in die westliche Christenheit integriert. Damit waren nun auch die West- von den Ostslawen getrennt.

Denn bei den Ostslawen verlief die Entwicklung ganz anders.

Zur Erinnerung: Bei den Ostslawen waren es die Kiewer Fürsten der Rurikiden-Dynastie, die einen Großteil der anderen ostslawischen Fürsten unter ihrer

Herrschaft vereinen konnten; sie sicherten sich ihre Macht schließlich durch Anlehnung an Byzanz, und das hieß auch durch die Annahme des Christentums in der östlich byzantinischen Form.

Als dann Mitte des 13. Jahrhunderts die Tataren Kiew eroberten, hatte dieses russische Reich seinen Höhepunkt bereits überschritten und war innerlich längst wieder in Einzelfürstentümer zerfallen. So hatte sich der Fürst von Galizien-Wolhynien schon halb dem lateinischen Westen zugewandt. Die Gebiete des heutigen Weißrußland hat sich nach dem Mongolensturm der heidnische litauische Fürst aus der Kiewer Erbmasse gesichert und damit zunächst einen neuen orthodoxen ostslawischen Staat geschaffen, dessen Bevölkerung er aber nach seiner Hochzeit mit der katholischen polnischen Königstochter Hedwig der römischen Kirche zugeführt hat.

Gegen eine solche Umorientierung nun kämpfte der Fürst von Novgorod, Alexander. Er wehrte die Eingliederungsversuche der Deutschordensritter ebenso ab wie die der Schweden, die er 1240 an der Neva schlug, was ihm den Beinamen Nevskij einbrachte. Die Oberhoheit der mongolischen Tataren dagegen erschien Alexander für die Selbsterhaltung der orthodoxen Russen weniger gefährlich zu sein als die Anlehnung an die nach Osten vordringenden christlichen Brüder aus dem Westen. So hat Alexander auch nie gegen die Tataren gekämpft. Als er auch noch den im Vergleich zu Novgorod bedeutenderen Fürstenthron von Vladimir einnehmen konnte, wurde dieser wakkere Hüter der Westgrenze mit Unterstützung der

Mongolen sogar zum Großfürsten der Russen unter tatarischer Oberherrschaft.

Im nachhinein allerdings wurde die Entscheidung für die Unterordnung unter die Mongolen kaschiert und die zeitlichen Abläufe wurden umgeordnet: Der schwedische und der deutsche Angriff erschienen nun als Teile eines großangelegten päpstlichen Operationsplanes; das christliche Abendland sei den durch heidnische Tataren schwer bedrängten Russen in den Rücken gefallen.

Die orthodoxe russische Kirche verehrt Alexander Nevskij als Heiligen. Sein Verdienst war aber eher ein politisch-kirchenpolitisches als ein religiöses. Alexander hat die Vereinnahmung der russischen Kirche durch die westliche verhindert und den Russen damit das sie von den lateinischen Christen des Westens unterscheidende Kriterium bewahrt; zugleich hat er durch diese Entscheidung auch die Basis für ein Wiedererstehen eines selbständigen russischen Staates gelegt. Mit Alexander hat sich Rußland vom europäischen Westen ab- und dem asiatischen Osten zugewandt.

Für Peter, den Zimmermann auf dem Zarenthron, war wohl weniger die Ostorientierung als der unbedingte Wille nach Selbständigkeit gegenüber dem Westen das Motiv, sich diesen Heiligen als Spiritus rector, als treibenden Geist seiner Herrschaft zu wählen. "Lebe wohl, mein flandrisch Mädchen" – das war ernst gemeint.

Fürst und Metropolit ziehen an einem Strang
Der Aufstieg Moskaus

Gorbatschow hatte bereits versucht, den Moskauer Zentralismus aufzuweichen. Boris Jelzin will jetzt durch eine neue Verfassung die undurchsichtige Macht der Zentrale brechen. Da sind zur Zeit Gespräche über die Rolle Moskaus in der russischen Geschichte sehr interessant. Wofür steht der Name dieser Stadt?

Ich saß im Restaurant des Moskauer Hotels Russija mit einem Historiker und einem Vertreter der Kirche zusammen. Vater Grigorj begann: 1241 haben die Tataren unser heiliges Kiew zerstört; wir wurden ihnen tributpflichtig. Unsere Fürsten, mit dem Großfürsten an der Spitze, durften zwar weiterregieren, aber es gab nun keine Fürstenstadt mehr, die eindeutig die Nummer eins war. Der Großfürst wurde von den Tataren nach deren Interessen ernannt.

Als unser Großfürst Alexander Nevskij, der ein Heiliger war und die treulosen Deutschordensritter 1242 geschlagen hat, 1263 sein Erbe verteilte, erhielt sein jüngster Sohn Daniil den unbedeutendsten Teil: Moskau. Zu jener Zeit war dies nur eine kleine Siedlung, und die war erst hundert Jahre alt. Bislang hatte sie vor allem als Sammelplatz der Truppen der Fürsten vom benachbarten Vladimir-Susdal Bedeutung gehabt. Nun sollte hier also ein Fürst residieren. Der

Platz war allerdings günstig, denn er lag mitten in einem dichten Wald, der Sicherheit bieten konnte. Zudem kreuzten sich hier mehrere wichtige Verkehrswege zu Lande und zu Wasser. Auf diesen Straßen kamen auch viele Flüchtlinge aus den Gebieten, die näher bei den Tataren lagen und wo die Menschen deshalb auch mehr unter deren Herrschaft, vor allem den immer wieder unternommenen Plünderungszügen, zu leiden hatten. Diesen Flüchtlingen konnte unser Moskauer Herr Land geben, ohne auf alteingesessene Landbesitzer oder Adlige Rücksicht nehmen zu müssen. Das heißt, im Vergleich zu seinen Fürstenbrüdern hatte er eine absolutere, unbeschränktere Herrschergewalt in seinem Territorium.

Und damit sind schon drei wesentliche Faktoren des Aufstiegs dieser Fürstenstadt genannt: Die Handelswege boten die Möglichkeit, Steuern einzunehmen, mit deren Hilfe man sich Freiheiten von den Tataren erkaufen konnte; die wachsende Bevölkerung vergrößerte das Gewicht des Fürstentums im innerrussischen Vergleich; der Moskauer Fürst mußte sich nicht gegen Adlige durchsetzen, die womöglich mit einem anderen russischen Fürsten gegen ihn koalierten.

1304 starb Andrej, der von seinem Vater Alexander Nevskij die Großfürstenwürde geerbt hatte. Um die Nachfolge in der Führung der russischen Fürstenfamilie rivalisierte nun auch der Moskauer Jurij, Daniils Sohn, und das hieß damals: er intrigierte beim Tatarenkhan gegen seine Onkel und Neffen; das hat fünf russischen Fürsten den Kopf gekostet. Es gab aber auch sanftere Wege: Derselbe Jurij heiratete 1317 aus eben diesen politischen Gründen die Schwester des Tatarenkhans.

1328, mit Ivan I., Jurijs Sohn, hatte Moskau die Großfürstenwürde endlich sicher. In nur drei Generationen also haben die Fürsten ihr Ziel in Gefolgschaft und mit Unterstützung der Tataren erreicht.

Der wachsende Reichtum sicherte Moskaus weiteren Aufstieg. Denn als Tributeinnehmer der Tataren boten sich dem Moskauer Fürsten zusätzliche Möglichkeiten, die eigene Ökonomie zu schonen und die der anderen Fürstensitze um so mehr heranzuziehen. Dies brachte Ivan I. unter uns Russen den Beinamen Kalita (= Geldsack) ein. Die großfürstliche Macht der Moskauer war aber vom Tatarenkhan geborgt, so wie ihre Großfürstenwürde von ihm verliehen war.

Nun schaltete sich Vasili, der Historiker ein: Ehrwürdiger Vater, ihr dürft die Entscheidung der russischen Kirche für Moskau nicht vergessen, oder besser gesagt: die Entscheidung des "Metropoliten von Kiew und der ganzen Rus'". Der hatte doch im Streit der russischen Fürsten um die Vorherrschaft auf Moskau gesetzt: Bald nach der Zerstörung durch die Tataren war Kiew unter die Herrschaft des heidnischen litauischen Fürsten gekommen, und das hieß, der Litauer herrschte im Kerngebiet des alten ostslawischen Staates, und er beanspruchte deshalb auch, dessen Erbe angetreten zu haben. Einige russische Fürsten koalierten auch mit dem Litauer gegen die Tataren. Nach der Heirat des litauischen Fürsten Jagiello jedoch mit der katholischen polnischen Königstochter

Hedwig im Jahre 1386 drohte von hier eine Eingliederung, Unterordnung der russischen Kirche unter die westliche. Da hat der russische Metropolit eindeutig auf Moskau gesetzt, das eher die kirchliche Selbständigkeit gegenüber dem Westen zu garantieren schien. So erhielt die Moskauer Politik also trotz ihrer Kompromittierung durch die Tataren den kirchlichen Segen.

Diese Interessengemeinschaft hatte sich ja auch schon 1359 gezeigt, beim frühen Tod von Ivan II., als der Metropolit Aleksej für dessen noch unmündigen Sohn tatkräftig die Regentschaft geführt hat. Sichtbarer Ausdruck dieser kirchlichen Herrschaft wurde das Kloster des heiligen Sergij von Radonez vor den Toren Moskaus, das Sagorsker Dreifaltigkeitskloster. Von diesem und anderen Klostergründungen aus wurde der russische Norden kolonisiert und der gewaltige Grundbesitz der Kirche geschaffen.

Hier warf Vater Grigorj ein: Vor allem wurde doch von hier die Idee vorangetragen, die unwürdige Oberhoheit der Tataren abzuschütteln. Hatte sich Moskau auch mit ihrer Macht gegen die anderen russischen Fürstenstädte durchgesetzt, mußte es nun als orthodoxe Vormacht die Herrschaft der Ungläubigen beseitigen. Und 1380 haben wir Russen den ersten Sieg über die Tataren errungen. Damit war der Ruf der Unbesiegbarkeit der Mongolen dahin. Für Moskau aber bedeutete dieser Sieg die Festigung des nationalen Führungsanspruches.

Als dann 1453 die byzantinische Kaiserstadt Konstantinopel, woher wir Russen ja das Christentum empfangen haben, unter türkisch-osmanische Herrschaft fiel und unser Großfürst Ivan IV. 1552 das Tatarenjoch endgültig abgeschüttelt hatte, war der Aufstieg Moskaus vollendet: Ivan konnte sich fortan Zar, Kaiser nennen, und die russische Metropolie wurde 1589 zum Patriarchat erhoben; Moskau war unumstritten das nationale und religiöse Zentrum der orthodoxen Ostslawen.

Die unter polnisch-litauischer Herrschaft lebenden orthodoxen Ostslawen sahen sich nun allerdings genötigt, ihre Loyalität gegenüber ihrem katholischen König durch die Anerkennung von dessen religiösem Oberhaupt, dem römischen Papst, auszudrücken; 1596 wurde die Kirchenunion von Brest-Litowsk abgeschlossen. Die orthodoxen Slawen waren damit in zwei Gruppen getrennt.

Über das Ergebnis dieses Aufstiegs ihrer Stadt waren sich meine beiden Gesprächspartner einig: In Moskau war damit die Gleichsetzung von russischer Orthodoxie und Moskauer Großrussentum eingeleitet – eine Idee, die heute lebendig ist wie eh und je.

Bollwerk nationaler und religiöser Freiheit:
Die Sergeeva Troice Lavra (Sagorsk)

"Wegen unserer Sünden kamen unbekannte Völker, die gottlosen Moabiter, die man Tataren nennt", so heißt es in einer russischen Chronik aus dem 13. Jahrhundert über die Zerstörung des ersten ostslawischen Staates. "Wir haben den Zorn des Herrn auf uns gezogen wie ein Unwetter vom Himmel. Wir haben seinen Grimm auf uns gelenkt, darum werden wir gezüchtigt", so predigte der Bischof von Vladimir. Nach dem Tatareneinfall läßt sich bei den Russen eine Bußgesinnung feststellen, die die Schuld für das erlittene Unglück nicht bei anderen sucht, sondern bei sich selbst.

Aus dieser Haltung heraus wählten viele Menschen ein Leben der Umkehr und der Besinnung, wozu sie sich meist aus den Dörfern und den Städten zurückzogen, um ganz neu zu beginnen und allein oder gemeinsam ihre Lebensführung ausschließlich von ihrem orthodoxen Glauben prägen zu lassen. So entstanden zahlreiche Einsiedeleien und Klöster, vor allem im Nordosten Rußlands. Dort war unbesiedeltes Waldgebiet. Bald aber wurden durch diese "Klosterkolonisation" weitere Menschen angezogen, die sich rund um die Klöster ansiedelten. Ein neues Rußland entstand, geprägt mehr von Mönchen als von Fürsten. Denn auch von den Großen der Welt heißt es: "Die

Fürsten und Bojaren gingen oft den schmalen Waldpfad zum Kloster der Heiligen Dreifaltigkeit, um sich dort geistig zu stärken und Rat in allen ihren Angelegenheiten zu erbitten. Man reiste mit jeder wichtigen Frage aus Moskau zu Sergij, um dort Segen und Rat zu finden."

Dieser Sergij war 1314 als Sohn adliger Eltern geboren worden. Nach dem Tod seiner Eltern wählte er das Mönchsleben. Sergij baute nordöstlich von Moskau sein Kloster, das er der Heiligen Dreifaltigkeit weihte — Symbol für Gemeinschaft in Einheit und Gleichheit.

Der gewählte Name war aber nicht nur Programm für das klösterliche Zusammenleben. Die Zerstörung der Kiewer Rus' durch die Tataren war nur möglich gewesen, weil die Ostslawen durch Fürsteninteressen zersplittert waren. Sergij und sein Kloster stehen am Anfang eines russischen Zusammengehörigkeitsgefühls, eines russischen Nationalbewußtseins. Jeder sollte sich in gleicher Weise für das Gemeinwesen verantwortlich fühlen, jeder sollte an seinem Aufbau mitarbeiten.

So hielt Sergij auch im Kloster die Mönche, die ihm bald in großer Zahl hierher folgten, zu körperlicher Arbeit und zum Studium an; er sorgte deshalb auch für eine gute Klosterbibliothek. Gastlichkeit war die Voraussetzung für die Ausstrahlungskraft des Klosters, deren Mönche nicht ich-bezogen nur auf ihr eigenes Heil bedacht sein sollten. Diese Einstellung brachte Sergij den Titel "Abt des ganzen russischen Landes" ein.

Als solcher hat Sergij die Russen bestärkt, sich auf ihre Kraft und ihre Geschichte zu besinnen und die unwürdige Oberherrschaft der fremden Tataren abzuschütteln. Er schickte den Moskauer Fürsten Dimitrij in den Kampf gegen sie mit seinem Segen: "Zieh' hin und kämpfe ohne Furcht. Du wirst Sieger sein." Aber Sergij gab dem Fürsten nicht nur fromme Worte mit, sondern auch zwei seiner Mönche, die durch diesen persönlichen Einsatz auf viele Russen beispielhaft wirkten. So wird denn der Sieg Dimitrij Donskojs über die Tataren von 1380 in den zeitgenössischen Quellen auch vor allem dem Einsatz des heiligen Sergij zugesprochen: "Wie der alttestamentliche Prophet Mose betete der Seher Sergij mit hocherhobenen Händen inbrünstig um den Sieg der russischen Waffen, und dieses machtvolle Gebet des Gottesmannes und seiner Bruderschaft durchdrang den Himmel." Dieser Sieg am Don ist ebenso ein Symbol des Wiederaufstiegs der russischen Macht wie das Dreifaltigkeitskloster des heiligen Sergij.

Wer heute das Dreifaltigkeitskloster besucht, steht vor einer hohen, wehrhaften Mauer. Sie wurde Mitte des 16. Jahrhunderts gebaut und hielt 1608/1609 anderthalb Jahre lang einer polnischen Belagerung stand. Auslöser dieses Angriffes der katholischen Polen auf das Zentrum der russischen Orthodoxie waren Thronfolgekämpfe nach dem Tod von Ivan IV., bei denen die Polen gern einen zur Kirchenunion bereiten Zaren in Moskau installiert hätten. Die Mauern der Lavra aber waren unüberwindbar, das Kloster das Bollwerk nationaler und religiöser Freiheit.

Durch die Torkirche "Johannes der Täufer" betritt der Gläubige die Klosteranlage. Wer hier durchgeht, wird daran erinnert, daß es auch seine Sendung ist, 'dem Herrn die Wege zu bereiten'.

Der Weg führt vorbei an der Hauptkirche, die stark an die Mariä-Himmelfahrts-Kathedrale des Moskauer Kreml erinnert. Das Kloster war die Seele des Moskauer Staates.

Weiter geht's entlang der Trapeza, dem einstigen Speisesaal der Mönche, der im 17. Jahrhundert an der Stelle eines alten Holzpalastes mit Gemächern für die Zarin gebaut worden ist. Die Unterkunft für den Zaren lag hinter der vorher genannten Kirche.

Diese repräsentativen Bauten für das Zarenpaar mitten im Kloster machen dieses zu einer Art Kreml; sie bezeugen die enge Verbindung von weltlicher und geistlicher Macht. Sie waren für die Herrscher aber auch eine stete Erinnerung daran, daß sie eingebunden waren in die Verantwortung für das Seelenheil der Menschen Gott gegenüber.

Dann gelangt man zu dem ältesten Bauwerk der Anlage, der Kirche über dem Grab des heiligen Sergij. In der Ikonostase dieses Kirchleins befindet sich auch die berühmte Dreifaltigkeits-Ikone von Rubljev. So kommt hier jeder vorbei, ob nun als Kunstliebhaber oder als Gläubiger, der die Nähe des Heiligen sucht. Und auch dies entspricht einem Wesenszug des heiligen Sergij wie des Dreifaltigkeitsklosters: Ohne sich aufzudrängen, haben sie die Russen in geistlicher wie in geistiger Weise bereichert.

"Himmlisches Jerusalem" oder "Monströses Gemüse"?
Die Basilius-Kathedrale auf dem Moskauer Roten Platz

Sie hieß zwar nicht Natalie, wie sie der französische Chanson-Sänger Charles Aznavour besingt, aber auch Svetlana, meine Begleiterin durch Moskau, kannte die Geschichte der Basilius-Kathedrale: Jede Kuppel symbolisiere den Kopf eines Tatarenfürsten, dem Zar Ivan der Schreckliche höchstpersönlich das Haupt abgeschlagen habe.

Wir hatten uns auf dem Roten Platz getroffen. Es war der 9. Mai, und wir waren noch müde von den Feiern zum Sieg der Sowjetunion über Hitler-Deutschland. Da wir froren, gingen wir ins Kaufhaus GUM gegenüber. Und da zeigte sie mir die Tataren. Aber heute gebe es für sie nicht mehr viel Beute zu machen. Das Wenige, das in den Schaufenstern liege, sei zwar teuer, aber mit dem Geld, das sie für ihre Feldfrüchte in Moskau ergaunerten, könnten sie sich ja alles leisten. Und als Svetlana mir die Geschichte der Tataren vortrug, konnte ich − Entschuldigung − ihr Alter erahnen, denn was sie da aufzählte, mußte sie als Schulkind zur Stalinzeit gelernt haben: Die Tataren als die nationalen Feinde der Russen.

Na, gut, erinnern wir uns:

1241 hatten die Mongolen die Kiewer Rus', den ersten Staat der Ostslawen zerstört. Für die mongolisch-tatarischen Khane, die Anführer der Goldenen Horde, denen das westliche Teilgebiet dieses Weltreiches unterstellt war, von der Krim bis in die Steppen Mittelasiens und vom Kaukasus bis nach Nordrußland, hatte die Rus' allerdings nur eine Randbedeutung. Daher begnügten sie sich auch mit einer sehr indirekten Herrschaft: Es war nur ein Tribut zu entrichten. Und wenn sich die russischen Fürsten untereinander nicht einigen konnten, bestimmten die Khane auch, wer von diesen Großfürst über die Russen sein sollte. So begann der Aufstieg des Fürsten von Moskau.

Seit der Mitte des 14. Jahrhunderts zeigte das Reich der Goldenen Horde dann Auflösungserscheinungen. Rivalisierende Anwärter auf die Position des Khan zerrissen die Herrschaft in eine Reihe von kleineren, letztlich schwachen und unbedeutenden Nachfolgestaaten: die Khanate der Kalmücken (= der Wolgatataren), der Krimtataren, derer von Kazan, Astrachan und Sibirien. Jetzt waren es die Russen, die durch ihre Unterstützung den Großkhan wesentlich mitbestimmten. Moskau koalierte dafür zunächst mit den Krimtataren gegen die Kalmücken. Als diese aber mit der Unterstützung Polen-Litauens im Moskau benachbarten Khanat von Kazan mitregierten, fühlte sich Moskau herausgefordert.

Das Kazaner Reich nahm unter den Khanaten eine Sonderstellung ein, weil es kein Steppenreich mit nomadischer Bevölkerung war, sondern in erster Linie Ackerbaugebiete umfaßte; zu den hier lebenden Völkern gehörten zum Beispiel die turksprachigen Tschuwaschen. Schon die zuvor auch an der Wolga siedelnden Bulgaren hatten hier am östlichen Rande Europas einen Vorposten der islamischen Hochkultur geschaffen und die Haupstadt Kazan zu einer Handelsdrehscheibe zwischen Ostsee und Orient gemacht. War das Kazaner Khanat damit ökonomisch dem Moskauer Reich zu vergleichen, mußte es diesem im 16. Jahrhundert militärisch unterlegen sein, da es ethnisch nicht so homogen war. Kazan erschien damit als das geeignete Objekt, das Trauma von 1241 auszulöschen und durch einen Sieg über ein Tataren-Khanat die neue Großmachtstellung Moskaus zu unterstreichen. Erst ein solcher Sieg konnte die Seele der Russen vom "Tatarenjoch" freimachen und gab dem Großfürsten das Recht, sich Zar, Selbstherrscher zu nennen: Am 2. Oktober 1552 eroberte ein großes russisches Herr unter dem jungen Großfürsten Ivan IV. die Stadt Kazan: "Mit Hilfe unseres allmächtigen Herrn Jesus Christus und den Gebeten der Gottesmutter überwand unser von Gott gekrönter Großfürst Ivan Vasilevic die Gottlosen."

Bei dieser theologischen Rechtfertigung des Kampfes gegen die Tataren fiel Svetlana ein, daß wir ja um 12 Uhr mit Vater Kyrill vom Außenamt des Moskauer Patriarchats verabredet waren. Solche Zusammenarbeit zwischen kirchlichen und staatlichen Behörden bei der Betreuung von Touristen hatte es schon vor der Wende gegeben: Gerne wollte man Gästen zeigen, wie tolerant der Staat sei. Wir gingen also wieder hinaus auf den Roten Platz.

Und auch Vater Kyrill kannte eine Geschichte über die Basilius-Kathedrale. Er hatte dafür eine Kopie aus einer Chronik aus dem 16. Jahrhundert mitgebracht: "Als der fromme Zar Ioann von seinem Kazaner Sieg in die herrschende Stadt Moskau herbeigekommen war, pflegte er guten Rats mit dem Metropoliten Makarij und mit allen Hierarchen. Er tat ihnen sein Gelöbnis kund, zu welcher Zeit und an welcher Heiligen Gedenktag viele große Taten und Siege über die Tataren und die Einnahme der Stadt gewesen seien. Für diese Heiligen Patronate errichtete man bald Holzkirchen, sieben Altäre, die rings einen größeren achten Altar, eine Steinkirche, umstanden, nahe an der Brücke des Florus-Tores über den Graben. Danach schenkte ihm Gott zwei russische Meister, genannt Postnik und Barma, die waren weise und zu solch einem wunderbaren Unternehmen geeignet. Dem Rat der Hierarchen gemäß befahl er ihnen, steinerne Gelöbniskirchen zu bauen. Die Meister aber gründeten durch Vorsehung Gottes neun Altäre."

Dies war ein interessanter Text, denn daraus erfuhr ich, daß Ivan eindeutig der Auftraggeber dieser Kirche war und daß sie ganz dem Ereignis des Sieges über die Tataren gewidmet sein sollte. Dafür hatte Ivan offensichtlich zunächst ein provisorisches Holz/Stein-Rundensemble von acht Kirchen oder Kapellen bauen lassen. Die zwei genannten Architekten folgten dann beim Neubau dem ihnen von Gott eingegebenen ästhetischen Empfinden und ergänzten aus Gründen der Symmetrie die Kirche durch eine neunte Kapelle.

Wir gingen in die Kathedrale hinein, um nach den Patronaten zu schauen: Die mittlere, größte Kirche hat den Namen "Mariä Schutz", ein Gedenktag, der am 1. Oktober gefeiert wird; Ivan hatte also am Tag vor der Eroberung Kazans das Gelöbnis getan, der Gottesmutter im Falle eines Sieges eine Kirche zu stiften.

Gegenüber der Vordertür der Hauptkirche ist die Kapelle "Einzug in Jerusalem": Der Chronik zufolge hatte Ivan am Palmsonntag des Jahres 1552 feierlich den Krieg gegen die Tataren verkündet.

Der weitere Verlauf des Krieges ist dann durch die anderen Kapellen gekennzeichnet: Die östliche Kapelle ist der Trinität geweiht, sie weist auf das Pfingstdatum hin; im August werden die Patrone der beiden nun südlich folgenden Kapellen gefeiert, Alexander von Svira sowie die drei heiligen Patriarchen Alexander, Ioann und Paulos Neos. Damit war das russische Heer vor den Toren Kazans angekommen. Am 30. September wurde ein erster Sturmangriff unternommen; daran erinnert die Kapelle des hl. Gregors von Armenien. Am Tag des Sieges selbst, am 2. Oktober, war das Fest der Heiligen Cyprian und Justina. Ivans achte Kapelle schließt mit der Rückkehr des Fürsten: Am 6. November, dem Gedenktag des Mönchsheiligen Varlaam von Chutyn, zog Ivan im Triumphzug in Moskau ein.

Ivan hat denn auch für die von den Architekten gewollte neunte Kapelle keinen Namen mehr gesucht: "Ihr Name sei, wie es Gott gefällt." Der Platz "gefiel" dem hl. Nikolaus, und so wurde es eine Nikolaus-Kapelle.

Ich meinte zwar, daß ich aufgepaßt hatte, aber mir fehlte noch der Basilius; schließlich redeten wir doch dauernd von der Basilius-Kathedrale: Dafür zeichne der Volksmund verantwortlich, weil hier ein hochverehrter Mönch namens Basilius beerdigt sei.

Vater Kyrill drängte es mehr, noch etwas Theologisches zur Deutung beizutragen, und er zeigte dabei die hohe Kunst, Geschichte und Tagespolitik zu vermischen: Daß die Hauptkirche "Mariä Schutz" und nicht den Tagesheiligen geweiht sei, zeige, daß bei dem Sieg über die Gottlosen nicht der irdische Vollzug das Entscheidende sei, sondern die göttliche Providenz. Aufgabe des weltlichen Herrschers sei es doch sowieso nur, das irdische Geschehen mit dem himmlischen Wollen in Kongruenz zu bringen. Je näher der Herrscher Gott stehe, je mehr er nach seinem Willen frage, um so eher werde er diesen göttlichen Willen zum Wohle der Menschen vollziehen.

Auch die Palmsonntagskapelle spreche eine deutliche Sprache: An diesem Tag schlüpfte der Patriarch in die Rolle Christi, und der Zar spielte den Eselsführer, ein Akt der Selbstdemütigung des irdischen Herrschers, eine Symbolhandlung, die nach der Interpretation der Kirche das Verhältnis von weltlicher zu geistlicher Macht ausdrücke.

Svetlana meinte, daß es jetzt eigentlich genug der frommen Ergüsse sei, und wollte Mittagessen gehen; aber mich interessierte noch, ob es auch für die architektonische Gestaltung einen theologischen Hintergrund gäbe.

Die Architektur sei typisch russisch, sagte meine Fremdenführerin, alle Welt sehe in ihr das beste visuelle Wahrzeichen der russischen Seele. Freilich gebe es Theorien, die einen Einfluß der italienischen Renaissance sehen wollten, die auch den Zentraltempel kannte und — für die Orthodoxie sonst unvorstellbar — die Nichtausmalung des liturgischen Raumes, und es gäbe Gelehrte, die davon wissen, daß italienische Bauleute an den Festungen des Moskauer Kreml gearbeitet und die russischen Architekten Postnik und Barma beeinflußt haben, aber dies alles sei zu weit hergeholt: Vorbild für die Basilius-Kathedrale sei die Johannes-Kirche von Djakovo, die zu Ehren der Geburt Ivans IV. errichtet worden sei. Der Zar hat also den Sieg über die Tataren mit dieser persönlichen Reminiszenz verbunden und damit eng an seine Person geknüpft.

Vater Kyrill enthielt sich jeder Meinung. Er gab mir sein liturgisches Handbuch; darin ist für den 1. Oktober u. a. eine Lesung aus Hesekiel vorgesehen, wo die Rede ist vom "himmlischen Jerusalem", dem "Zelt Gottes unter den Menschen". Sollten diese Assoziationen nicht die Grundidee für den Bau geliefert haben: die vielen Tore, das Vielgliedrige, die hohe Terrasse mit dem Umgang. Die Basilius-Kathedrale sei primär ein Gehäuse für eine vorgegebene Zahl von theologischen Aussagen und erst sekundär ein künstlerisch gestaltetes Gebäude. Beinahe triumphierend ergänzte Kyrill: Die Basilius-Kathedrale sei das metaphysische Korrelat eines bedeutenden historischen Ereignisses.

Und dann kam doch noch eine Bemerkung: Muß denn "russisch-national" und "europäisch" so ein unvereinbarer Gegensatz sein oder bleiben?

Beim anschließenden Mittagessen waren beide dann aber wieder einer Meinung: Es sei völlig verfehlt, wenn in einer Geschichte der russischen Kunst vom Anfang dieses Jahrhunderts die Basilius-Kathedrale als "monströses Gemüse" bezeichnet worden sei; sie sei einmalig wie das Pantheon in Rom und die Hagia Sophia in Konstantinopel. Damit war eine beliebte Linie gezogen: Das alte Rom, Konstantinopel als das neue Rom und schließlich Moskau. Den Streit über "Moskau, das Dritte Rom" haben wir uns dann aber geschenkt.

Ein Gruß an Natalie sei noch angefügt: In der Kapelle der Heiligen Cyprian und Justina wird seit dem 17. Jahrhundert die hl. Natalija verehrt.

Reformen gegen das Volk: Peter der Große

Der Namensgeber der Moskauer Universität, Lomonosov, hat Zar Peter I. gerühmt: "Wer hätte mehr Recht auf den Titel eines Großen als unser Peter." Wogegen der russische Cato, Fürst Scarbatov, urteilte, daß auf diesen Peter die Verderbnis der guten alten Sitten in Rußland zurückzuführen sei. Dieses zwiespältige Urteil charakterisiert den 1672 Geborenen recht gut: Er hat Rußland zu einem mächtigen Staat gemacht, und er hat viele Altmoskauer Zöpfe abgeschnitten.

Peter war ein Sohn aus des Zaren Aleksej zweiter Ehe. Als dieser 1672 starb, rivalisierten die Familien der beiden Frauen um die Macht. Erst wurde Peters Halbbruder Fedor Zar; nach dessen frühem Tod überging man den nächstgeborenen Ivan und wählte Peter. Dagegen aber opponierte dessen ältere Schwester Sofija, die das Militär mit Erfolg zum Staatsstreich anstachelte.

Während der nun folgenden Regentschaft seiner Halbschwester erhielt der zehnjährige Peter Zeit zum Heranwachsen. Die Regentin gestattete ihm seine Soldatenspiele im Kreis adliger Kameraden und unter Heranziehung des Hofgesindes. Aus diesen Kindertruppen aber wuchsen allmählich zwei Regimenter, in denen Peter jeden Mann kannte und in denen jeder Soldat sich ausschließlich dem jungen Befehlshaber verpflichtet fühlte.

Diese Spiele weckten auch Peters Interesse für Technisches. So lernte er ein Gerät kennen, mit dem man Entfernungen messen konnte, ohne sie abschreiten zu müssen, und Peter erkannte dessen Bedeutung für die Artillerie. Er ließ sich faszinieren von einem Schiff, das sich gegen den Wind segeln ließ, und sah auch hier den militärischen Nutzen. Sein technisches Spielzeug ließ sich Peter meist von Fremden aus der Moskauer Ausländervorstadt erklären. Dort lernte er auch seine erste Liebe kennen, die Goldschmiedetochter Anna.

Als Sofija 1689 zum zweitenmal bei dem Versuch scheiterte, den Türken die Krim abzunehmen, hatte sie die Unterstützung der Militärs verloren und ihr Sturz war ausgemacht. Peter schickte seine Halbschwester ins Neu-Jungfrauenkloster am Moskauer Stadtrand.

Nun wurde aus seinen Spielereien Ernst. Den Krieg gegen die Türken konnte Peter gewinnen, da es ihm gelang, mit einer eilig gebauten Flotte den türkischen Nachschub über das Azovsche Meer zu unterbinden.

Als nächstes mußte Peter aber erst einmal das politische Terrain in Europa auskundschaften, ob sich wohl wie 1683 eine Koalition der christlichen Staaten gegen die muslimischen Türken bilden ließe. Dies war der Grund seiner ersten Auslandsreise, die ihn unter anderem in die Niederlande, nach England und nach Wien führte. Der Nebenzweck, in Westeuropa technische Neuerungen zu studieren, hat dieser Reise zu literarischem, musikalischem Ruhm verholfen: 1837 verarbeitete Albert Lortzing den Stoff zu seiner komischen Oper 'Zar und Zimmermann'.

Peter schickte auch viele russische Adlige zum Studium ins Ausland. Ferner warb er an die tausend Fachleute aus dem Westen an.

Auf politischem Gebiet aber war diese Reise zunächst weniger erfolgreich, denn Peter mußte bald erkennen, daß sich eine erneute antitürkische Liga nicht mehr bilden ließ. Nach den Erfolgen des Prinzen Eugen war der Kaiser in Wien an einem raschen Friedensschluß mit den Türken interessiert, auch um freie Hand für die spanischen Erbfolgekriege zu bekommen.

Aber Peter fand doch noch jemanden, der ebenfalls Waffenruhm ernten wollte; er lernte den gleichaltrigen Sachsenherzog August den Starken kennen, und die beiden Monarchen fanden bei pompösen Festivitäten Gefallen aneinander. Dabei kamen sie überein, gemeinsam dem jugendlichen Karl XII. von Schweden seinen festländischen Ostseeküstenstreifen wegzunehmen. Sie hatten jedoch das strategische Genie des Schweden unterschätzt und bezogen im Jahr 1700 an der Narva eine schmerzliche Niederlage. Die russische Bevölkerung machte für dieses Desaster allerdings weniger den Zaren verantwortlich als die Ausländer, die Peter in viele leitende Positionen berufen hatte. Doch Peter sah die Gründe der Niederlage in den unklaren Befehlsstrukturen zwischen den rivalisierenden alten und neuen Regimentern, und er holte noch mehr ausländische Offiziere in seine Armee. Der Erfolg gab ihm recht. 1702 eroberte der Zar die schwedische Festung an der Mündung der Neva. Hier baute Peter jetzt seine Festung und seine neue Residenzstadt, Sankt Petersburg. Schweden hatte seine Vormachtstellung an der Ostsee an Rußland verloren.

Peter nutzte die Gelegenheit und sicherte sich 1710 noch Riga und Reval.

Damit aber hatte er erstmals nicht nur alte russische Gebiete zurückerobert, sondern begonnen, nach Westen auszugreifen. Es ist richtig, wenn in unseren Geschichtsbüchern steht, daß Zar Peter das Gesicht Rußlands dem Westen zugewendet habe, das hieß aber auch: Rußlands hungrigen Mund. 1711 standen russische Truppen in Greifswald, 1715 in Stralsund und 1716 in Wismar.

Diese militärischen Siege sicherte Peter durch geschickte Heiratspolitik ab: dem Mecklenburger Herzog Karl Leopold trug er seine Nichte Ekaterina an, und seinen Sohn Aleksej vermählte er mit Charlotte von Braunschweig-Wolfenbüttel.

Nach diesen Erfolgen ließ sich Peter als "allrußländischer Imperator" feiern, ein Titel, der die neue Macht in Europa symbolisieren sollte. Dieser Gewinn an Ansehen war das Ergebnis von drei Jahrzehnten militärischer Anstrengungen. Ein innerer Wandel aber, vor allem im Volk selbst, war nicht zu erkennen. Wohl wollte Peter auch gesellschaftliche Reformen durchdrücken, aber er verzettelte sich dabei häufig in Nebensächlichkeiten wie einer Strafsteuer für das Barttragen, und er stützte sich mehr und mehr auf ausländische Fachleute, denen das alte Rußland fremd war und die mit ihren Ideen den Russen fremd blieben. Das Volk stand den Ausländern und allem, was diese an Neuem mitbrachten, mißtrauisch, ja ablehnend und feindlich gegenüber.

Peter schaffte es auch, den Russen ihre Kirche zu entfremden. Von seinem Vater hatte er eine Spaltung in der russischen Kirche geerbt, den Raskol. Auch hierbei war es um den Einfluß der Ausländer gegangen: Der Moskauer Patriarch Nikon hatte die liturgischen Bräuche der russischen Kirche denen der Gesamtorthodoxie angleichen wollen — und das hieß damals, denen des griechischen Patriarchats von Konstantinopel. Der Zar gab diesen Reformen die herrscherliche Billigung und staatliche Zwangsmaßnahmen zur Durchsetzung. Die Kirche büßte auf diesem Weg viel Vertrauen im Volk ein.

Peter nun wollte wiederum Reformen durchführen. Sein Wunschkandidat für die Kirchenleitung war daher der gebildete Bischof Stefan Javorskij; der Ukrainer aber war in Polen ausgebildet worden und damit bei der russischen Hierarchie als Patriarch nicht durchsetzbar. So kam Peter auf die Idee, die Kirche wie ein sonstiges Fachministerium kollegial führen zu lassen. Peter ließ sich dafür eine theologische Grundlegung von Feofan Prokopovic erarbeiten; auch dieser war Ukrainer. Er war zeitweilig unierter Basilianer-Mönch gewesen. Prokopovic übersteigerte die byzantinische Tradition, wenn er aus der Zuständigkeit des Kaisers für das irdisch-materielle Leben der Kirche die unmittelbare Einbeziehung der kirchlichen Verwaltung in die Gesamtverwaltung des Staates ableitete.

Einen weiteren schweren Eingriff in das Eigenleben der Kirche stellte die Klosterreform dar. Kontemplatives Leben hielt Peter für nutzlos; nur caritative oder pädagogische Aufgaben gäben einem Kloster die Existenzberechtigung. So zog sich die religiöse Lebendigkeit aus den Klöstern und der petrinischen Staatskirche zurück, um im Starzentum zu überleben — oftmals aber auch außerhalb der Kirche abseitige Wege zu gehen.

Das schwierige Erbe Peters trat nach dessen Tod 1725 dessen Gemahlin Katharina an, die litauische Magd des Marienburger Propstes Glück, die erst 1708 der orthodoxen Kirche beigetreten war.

Peter hat dem russischen Imperium äußeren Glanz verschaffen können. Einen neuen Menschentyp zu formen, ist aber auch ihm nicht gelungen. Parallelen zu heute bieten sich an. Aber auch damals konnten die Nachfolger von Peter dem Großen seine Politik und ihre Folgen nicht einfach ungeschehen machen.

Ukraine −
Nation und Konfession

Anfang Dezember 1989, als der damalige sowjetische Staats- und Parteichef Michail Gorbatschow im Vatikan mit Papst Johannes Paul II. zusammentraf, berichtete Radio Moskau als Ergebnis dieser Begegnung, daß "die griechisch-katholische Kirche anderen Religionsgemeinschaften gleichgestellt" werde. Dies bedeutete, daß die seit 1946 in der UdSSR verbotene mit Rom unierte ukrainische Kirche nach 43 Jahren Leben im Untergrund und in der Illegalität wieder zugelassen war.

Diese Kirche ist ein typisches Grenzprodukt, ein Ergebnis der unscharfen Trennlinie zwischen lateinischem Westen und orthodoxem Osten.

Zur Erinnerung:

Im 16. Jahrhundert erstreckte sich das Königreich Polen bis über den Dnjepr und Smolensk hinaus nach Osten. Auf die heutigen Staatsgrenzen bezogen umfaßte es die ganze Republik Weißrußland und die westliche Hälfte der Republik Ukraine. Diese Gebiete waren bewohnt von den Vorfahren der heutigen Weißrussen und Ukrainer, welche dort mit dem gemeinsamen Namen Ruthenen genannt wurden. In religiöser Hinsicht gehörten sie zum byzantinisch-slawischen Ritus und zur Metropolie von Kiew.

Die Jurisdiktion des Metropoliten von Kiew erstreckte sich ursprünglich über alle Länder der Ostslawen. Seit der Christianisierung der Ostslawen — Ende des ersten Jahrtausends — war Kiew weltliches und religiöses Zentrum. Nach der Zerstörung der Kiewer Rus' durch die Tataren im 13. Jahrhundert kam ein Teil des ehemaligen ostslawischen Staates — Weißrußland und ein Großteil der Ukraine — unter die Herrschaft eines litauischen Fürsten. Dessen Reich war fortan mehrheitlich von orthodoxen Ostslawen bewohnt. Als 1386 der litauische Fürst Jagiello jedoch die polnische Fürstin Jadwiga heiraten wollte, mußte er Katholik werden. Im neuen Staat wurden die Ostslawen zu einer minderberechtigten Gruppe. Zudem zogen viele Polen als Siedler in das fruchtbare Grenzgebiet (= Ukraine).

Noch aber sah sich der orthodoxe Bischof von Kiew als Oberhaupt aller orthodoxen Ostslawen. Erst als mit Moskau ein neues Machtzentrum der Ostslawen heranwuchs, entstand ihm im dortigen Bischof ein Rivale. Äußerer Anlaß zur Spaltung der Kirche der Ostslawen war das Konzil von Florenz (1448). Nun trennte sich diese Metropolie in zwei Teile: eine nördliche im russischen Großfürstentum Moskau, sowie eine andere Metropolie für die ukrainische und weißrussische Bevölkerung im polnisch-litauischen Staatsverband.

Das Konzil von Florenz war der Versuch, die östliche, griechisch-byzantinische und die westliche, römisch-lateinische Christenheit wieder zu einer Einheit zusammenzubinden. Konstantinopel stand damals kurz vor der Eroberung durch die osmanischen Türken. Der byzantinische Kaiser suchte militärische Hilfe im Westen, die aber war ohne eine kirchliche Einigung nicht zu erhalten. Die zu diesem Zeitpunkt noch einige Metropolie von Kiew war bei diesem Konzil durch den Metropoliten Isidor vertreten, der nach seiner Rückkehr vom Konzil auch versucht hat, die in Florenz beschlossene Einheit durchzusetzen. Im östlichen Moskowiter Teil seiner Metropolie war ihm dies nicht möglich. Seit damals ist dieser Teil formell von Rom getrennt. Im polnisch-litauischen Staat hingegen konnte die Florentiner Union von Isidor eingeführt werden; sie hielt sich auch noch unter seinen beiden Nachfolgern. Dann aber war diese Phase der ukrainisch-römischen Union beendet.

Im 16. Jahrhundert geriet die Kiewer Metropolie im polnischen Staat in eine immer schwieriger werdende Situation. Im katholischen Polen wurde die Kirche mit dem byzantinischen Ritus nur toleriert; ihre Geistlichen und Bischöfe genossen nicht die Vorrechte der lateinischen Geistlichkeit, sie waren nur Bürger zweiter Klasse. Mehrere ruthenische Adlige traten durch die Bemühungen der Jesuiten zum lateinischen Ritus über, welcher allerdings mit der polnischen Nationalität gleichgesetzt wurde; ihrem Beispiel folgten zwangsläufig auch ihre Untertanen. Das aber bedeutete die Polonisierung der Ruthenen.

Aus all diesen Gründen und auch dank der Erinnerung an die obengenannte Periode der Florentiner Union hat sich während des 16. Jahrhunderts immer mehr die Idee verbreitet, daß der beste Weg für die Erneuerung des religiösen Lebens wie auch für die

Bewahrung des byzantinisch-slawischen Ritus und der eigenen Nationalität der erneute Abschluß einer Union der Kiewer Metropolie mit der katholischen Kirche sei.

Unmittelbarer Anlaß zum tatsächlichen Abschluß der Union war dann die Reise des Patriarchen von Konstantinopel, Jeremias II., in die ostslawischen Länder zum Sammeln von Almosen. Auf dieser Reise errichtete er im Jahr 1589 das Moskauer Patriarchat (im orthodoxen Rußland), nicht aber ein Kiewer (im katholischen Polen). Im Gegenteil: Bei seinem Besuch in der Kiewer Metropolie hörte er von den unionsfreundlichen Tendenzen der Hierarchie. Um da gegenzusteuern, rief er das Volk als Hüter der Orthodoxie auf; er verlieh den Laienbruderschaften sogenannte "stavropegiale" Rechte, wodurch sie von der bischöflichen Jurisdiktion ausgenommen, direkt dem Patriarchen von Konstantinopel unterstellt wurden. Um die Hierarchie mehr an Konstantinopel zu binden, ernannte er den Bischof von Luck zu seinem Exarchen. Als er jedoch für die Weihe eines Bischofs 10.000 polnische Gulden verlangte, rief das bei den ukrainischen Bischöfen einen solchen Unmut hervor, daß sich schon im Jahr 1590 vier Bischöfe für die Union mit Rom aussprachen − falls man ihnen die Gleichstellung mit den lateinischen Bischöfen gewähre. Auch beim ruthenischen Adel fand die Idee der Union mit Rom zunehmend Gefallen.

Im Jahr 1595 versammelten sich dann neun Bischöfe der Kiewer Metropolie zur Synode in Brest-Litovsk, wo alle ihre Bereitschaft äußerten, unter bestimmten

Bedingungen die Union mit Rom einzugehen. Die Synode delegierte zwei Bischöfe, die nach Rom fahren und dort im Namen aller Bischöfe der Kiewer Metropolie die Union abschließen sollten. Die Bischofssynode legte ihre Bedingungen in einer Schrift nieder, die dreiunddreißig Punkte enthielt, darunter nur zwei dogmatischer Natur (über den Ausgang des Heiligen Geistes und über das Fegefeuer); die meisten aber handelten von dem Wunsch nach Fortbestehen der gewohnten liturgischen und kanonischen Bräuche, und weitere richteten sich eigentlich an den König, denn sie enthielten den Wunsch, die ruthenische Hierarchie mit der lateinischen rechtlich gleichzustellen.

In Rom wurden die Delegierten zunächst von Papst Klemens VIII. in einer Privataudienz empfangen. Danach verhandelten sie mit einer Kardinalskommission über die Bedingungen der Union; als Grundlage der Verhandlungen dienten die Dekrete von Florenz. Der Abschluß der Union geschah aber nicht, wie in Florenz, in Form eines zweiseitigen Vertrages zweier gleichberechtigter Partner, sondern durch die "Aufnahme der bisher von der wahren Kirche getrennten Metropolie von Kiew in die katholische Kirche". Diese Aufnahme wurde am 23. Dezember 1595 vollzogen: Die Bischöfe legten das katholische Glaubensbekenntnis ab und küßten zum Zeichen des Gehorsams dem Papst die Füße. Papst Klemens seinerseits hatte sich auch nicht auf Bedingungen eingelassen, sondern gewährte von sich aus der nunmehr unierten Kirche gewisse Privilegien, vor allem, daß der Metropolit von Kiew die neuerwählten ukrainischen Bischöfe bestätigen und weihen könne; der Metropolit selbst aber müsse nach seiner Wahl durch die Bischöfe vom Heiligen Stuhl bestätigt werden. Außerdem verlangte der Papst, daß die in Rom vollzogene Union durch eine Bischofssynode der Kiewer Metropolie ratifiziert und proklamiert werde.

Der Papst schickte dann an den polnischen König und den Adel ein ganzes Bündel von Briefen, in denen er ihnen die Aufnahme der unierten Bischöfe in den polnischen Senat sowie die zivilrechtliche Gleichstellung der unierten Bischöfe und Geistlichen empfahl. Die Verwirklichung dieser "Bedingungen der Union" ließ aber von polnischer Seite noch lange Zeit auf sich warten.

Die von Papst Klemens VIII. geforderte Bischofssynode zur Ratifizierung der Union fand in Brest-Litovsk statt — wonach die Union auch genannt wird. Der Episkopat veröffentlichte ferner ein Schreiben an die Geistlichkeit und das Volk, in welchem er anregte, sich der in Rom und Brest-Litovsk geschlossenen Union anzuschließen.

Doch die Union hatte nicht gleich den ersehnten allgemeinen Erfolg; ein Teil der Geistlichkeit und des Volkes nahm sie lange Zeit nicht an. Ihre schärfsten Gegner waren die Kosaken, die die Union für eine polnische Erfindung hielten.

Die Kosaken, ursprünglich der Name für eine tatarische Wachtruppe, waren aus der Leibeigenschaft entflohene slawische Bauern, die sich im offenen Grenzland zwischen polnischem und tatarischem Herrschaftsgebiet niedergelassen hatten, dort in weitgehender Autonomie lebten und den Polen als Puffer gegen die Tataren dienten. Jeglicher Zwangskatholisierung aber widersetzten sie sich; sie sahen sich fortan als Hüter der Orthodoxie.

Der polnische Staat dagegen betrachtete die Union offiziell als allgemein und erkannte zunächst nur die unierte Hierarchie an. Als aber im Jahr 1620 der Patriarch von Jerusalem, Theophanes, nach Moskau reiste, um Almosen zu sammeln, weihte er auf dem Weg dorthin einen Unionsgegner zum orthodoxen Metropoliten von Kiew, und dazu noch andere Bischöfe. Unter dem Druck der Kosaken, die sich inzwischen dem Schutz des orthodoxen russischen Zaren unterstellt hatten, sah sich der polnische Staat 1623 gezwungen, auch die neue orthodoxe Hierarchie anzuerkennen.

Die schwierige außenpolitische Lage Polens, die Einmischung der Kosaken und der Russen, aber auch die feindselige Haltung eines Teiles der lateinischen Geistlichkeit gegenüber den Nicht-Lateinern brachten die Union in schwerste Gefahr. Trotz aller Widrigkeiten aber konnte sie sich letztlich durchsetzen und überleben; zu Beginn des 18. Jahrhunderts war die Union im polnischen Staat allgemein angenommen; sie lebte bis zum Untergang Polens.

Durch die Teilungen Polens (1772, 1793, 1795) kam der größte Teil der unierten Kirche unter russische Herrschaft, während Galizien mit den Diözesen Lemberg und Peremysl an Österreich fiel. Soweit die ruthenische Kirche unter russische Herrschaft gelangt war, wurde sie bald aufgelöst und unterdrückt. Auch die selbständige orthodoxe Kirche der Ukrainer wurde aufgehoben; sie wurde in das Moskauer Patriarchat eingegliedert. In Galizien hatte die unierte Kirche unter österreichischer Herrschaft die Freiheit, sich weiterzuentwickeln; 1807 wurde für dieses Gebiet die alte Metropolie Halyc mit dem Sitz im Lemberg wiederhergestellt. Nachdem aber der größte Teil Galiziens 1944 in den Verband der Sowjetunion gekommen war, wurde auch hier die Union durch staatliche Verfügung aufgehoben und verfolgt. Den Grund dafür gab der Zweite Weltkrieg: Die Ukrainer hatten die deutsche Armee bei ihrem Einmarsch als Befreier vom atheistischen Joch begrüßt. Die Einsicht, daß dies ein Irrtum war, kam bald; aber die kurzlebige Begeisterung lieferte 1946 den politischen Anlaß zum Verbot der unierten Kirche. Das war das vorläufige offizielle Ende der unierten Kirche der Ukrainer.

Das Moskauer Patriarchat inszenierte dazu eigens eine Synode, die angeblich von den unierten Bischöfen einberufen worden war; dies war allerdings nicht möglich, da der gesamte Episkopat bereits Monate vorher verhaftet worden war. Die sogenannte Lemberger Synode schwor dann mit rund 200 Teilnehmern den "römischen Irrlehren" ab und "kehrte in den Schoß der Orthodoxie zurück".

Genau das aber taten die unierten Ukrainer nicht. Sie gingen zu Zehntausenden in Stalins Lager; die Zurückgebliebenen und Heimgekehrten organisierten ihre Kirche im Untergrund: Bischöfe und Priester wurden heimlich geweiht, es gab Gottesdienste im Wald und in Wohnungen; auch gab es heimliche Taufen, kirchliche Hochzeiten und Beerdigungen.

Der einzige Hierarch, der die Unterdrückung der Union in der Ukraine überlebt hat, war der Metropolit von Halyc, Joseph Slipyi, 1963 zum Groß-Erzbischof erhoben, 1965 zum Kardinal ernannt; er starb im römischen Exil.

Für die Russisch-Orthodoxe Kirche war die Wiederzulassung der ukrainischen unierten Kirche 1989 ein Problem, das alte, geschichtliche Wunden wieder aufgerissen hat.

Auch wirft das Wiederaufleben der Union in der Ukraine für sie Fragen hinsichtlich der angestrebten Kircheneinheit mit der römisch-katholischen Kirche auf. So hat denn auch Erzbischof Kyrill, der neue Leiter des Außenamtes der russischen Kirche, schon angedeutet, daß die Wiederaufnahme der Union durch die Ukrainer den Fortgang des offiziellen Dialogs der katholischen mit der orthodoxen Kirche belasten, wenn nicht gar zum zeitweiligem Stillstand bringen könnte.

Das Wiedererstehen der unierten Kirche hat aber für die russische Kirche auch so banale ökonomische Konsequenzen wie den Verlust von 4000 der ca. 9000 Kirchen des Moskauer Patriarchats.

Das geistliche Oberhaupt der unierten Ukrainer, Kardinal Myroslaw Ivan Lubachivsky, hat denn auch schon vor der Selbständigkeitserklärung der Ukraine seine Gläubigen aufgerufen, ihre Rechte friedlich wahrzunehmen; "Kirchengebäude, die derzeit als orthodoxe Kirchen genutzt" würden, sollten sie "respektieren und geduldig und dem Gesetz gehorchend mit den Behörden zusammenarbeiten". Seine Kirche reiche dem Moskauer Patriarchat und der gesamten russisch-orthodoxen Kirche im Geist "der Wiederversöhnung und des Respekts" die Hand; er sei bereit, mit der russisch-orthodoxen Kirche einen "konstruktiven Dialog" aufzunehmen, wenn diese seiner Kirche gegenüber "denselben Respekt und dieselbe Bereitschaft zur Versöhnung" habe.

Die Ukrainer sahen in ihrer Kirche mit der byzantinischen Tradition eine Hilfe, im katholischen Polen ihre Identität nicht zu verlieren; die Union mit Rom gab ihnen die Möglichkeit, ihre Loyalität gegenüber dem polnischen König zu zeigen und gleichzeitig ihre rechtliche Stellung in diesem Staat zu verbessern. Gegenüber Moskau, das gern alle Ostslawen als Russen vereinnahmen wollte, war − und ist − die ukrainische unierte Kirche erneut Hort nationaler Identifikation. Die daneben bestehende orthodoxe Kirche des Landes gilt vielen als verlängerter Arm Moskaus so wie die lateinische Kirche als Vertreter Polens. Diese Verankerung der ukrainischen unierten Kirche im Volk ist Stärke und Schwäche zugleich. Ohne das Eigene aufzugeben, muß sie offen sein für ein Zusammengehen aller Christen und ihre Mitarbeit am moralischen Aufbau der Region über nationale Grenzen hinaus.

Römisch-katholische Christen unter den orthodoxen Slawen

Frühjahr 1988. Auf dem Friedhof des Neu-Jungfrauenklosters wurde es langsam dunkel. Feuchter Nebel zog von der Moskwa herauf. Der Mann neben mir war groß und breitschultrig, mit einem massigen Schädel. Er hatte sich "an der frischen Luft" mit mir treffen wollen, da gebe es keine Mikrophone und ein Friedhof sei für den Spaziergang eines Priesters unverdächtig. Aber der Ort war auch sonst gut gewählt: In dieses Kloster hatte Peter der Große seine Schwester Sophia verbannt, nachdem sie versucht hatte, gegen seine Verwestlichungsbemühungen zu opponieren. Er hatte es denn auch den Katholiken nach einer langen Periode der Unterdrückung erlaubt, wieder Kirchen zu bauen.

Mein Begleiter war Präfekt am katholischen Priesterseminar im litauischen Kaunas. Er ging vornübergebeugt und sprudelte Zahlen: Für die ca. 7 Millionen Katholiken in der Sowjetunion gäbe es 840 Priester (vom lateinischen Ritus) und 1100 Pfarreien. Aber das täusche, denn davon entfielen 680 Priester und 630 Pfarreien auf Litauen. Das sei auch eine eigene Kirchenprovinz. Der Rest der Sowjetunion gehöre zur größten Metropolie der Welt, zu Riga. Denn diese habe Gemeinden in allen Unionsrepubliken, außer in Armenien, Aserbaidschan, Turkmenistan und Usbekistan. In diesem riesigen Erzbistum gebe es aber nur 160 Priester. Und von denen arbeiteten wiederum 105 in Lettland, so daß für das restliche Gebiet 55 blieben. Dies seien hauptsächlich Litauer, Polen, Letten und Deutsche. Auch unter den Seminaristen in Riga dieselbe Situation: Von 30 Studienanfängern seien 14 Polen. Die katholische Kirche des lateinischen Ritus sei hier immer eine Kirche von Ausländern gewesen und geblieben.

Der erste "Römer" auf dem Boden des späteren Rußlands dürfte Papst Klemens I. gewesen sein. Der dritte Nachfolger des heiligen Petrus hat als Verbannter auf der Krim in den dortigen Steinbrüchen gearbeitet (deswegen ist er Patron der Steinmetze), bis er mit einem Anker um den Hals im Schwarzen Meer ertränkt wurde.

Dann war es der Mönch Adalbert aus der Trierer Abtei Sankt Maximin. Er kam nach Kiew, weil die dortige Fürstin Olga den deutschen Herrscher Otto den Großen um die Entsendung eines Missionars gebeten hatte. Als Adalbert in Kiew eintraf, herrschte dort aber bereits Olgas Sohn Svjatoslav, und der wollte vom Christentum nichts wissen. Adalbert mußte umkehren; er wurde 968 Bischof von Magdeburg.

Die nächsten Vertreter des westlichen Christentums waren deutsche Kaufleute. In Nowgorod haben sie sich ihre Kirchen gebaut. Ivan der Schreckliche ließ sie nach der Eroberung Nowgorods im 16. Jahrhundert schließen.

Für die Zwischenzeit ist noch die Expansion Litauens zu nennen, das sich im 13. Jahrhundert Weißrußland und weite Teile der Ukraine angegliedert hat. Durch die Vereinigung mit Polen im 14. Jahrhundert wurde das Katholische zum bestimmenden Faktor in diesem Staat. Für die Ukrainer gab es zwei Wege, ihre gesellschaftliche Stellung zu verbessern: Durch den Abschluß einer Union ihrer Kirche der byzantinichen Tradition mit Rom oder durch den Übertritt zum lateinischen Ritus; beide Möglichkeiten wurden wahrgenommen. Vor allem in die West-Ukraine zogen auch viele polnische Siedler.

Die drei Teilungen Polens im 18. Jahrhundert brachten dann erstmals "katholische" Gebiete, Landstriche mit einer geschlossenen katholischen Bevölkerung, zum Zarenreich. Katharina die Große versuchte sie in ihr Reich einzugliedern, indem sie selbständig, ohne Rücksprache mit Rom, eine Kirchenprovinz für die Katholiken schuf. Damit beendete sie auch die bisherige Unterstellung der schon vorher in ihrem Land lebenden Katholiken unter den Warschauer Nuntius. Katharinas Sohn Paul I. gestattete dem vom Papst 1773 aufgehobenen Jesuitenorden, im orthodoxen Rußland weiterzubestehen. Eine Verständigung wurde 1847 gesucht: Alexander II. schloß mit Rom ein Konkordat. Dann kam es aber im Gefolge des polnischen Aufstandes von 1863 wieder zum Abbruch der Beziehungen zwischen Sankt Petersburg und Rom. Die Kirchenprovinz Warschau wurde aufgehoben, die Katholiken dem in Petersburg residierenden Erzbischof unterstellt. 1882 wurde wieder ein neues Konkordat vereinbart.

Nach dem Ersten Weltkrieg kamen Teile Weißrußlands und der Ukraine zu dem wiedererstandenen Polen. Der Zweite Weltkrieg brachte sie und die dortige katholische Bevölkerung zurück unter die Moskauer Herrschaft.

Die katholische Kirche in der Sowjetunion hat unter den Kommunisten genauso gelitten wie die anderen religiösen Gemeinschaften. Der Erzbischof Eduard von Ropp wurde 1919 verhaftet und ausgewiesen, ebenso sein Nachfolger Johann Cieplak. Bischöfe wurden gegen im Ausland inhaftierte Kommunisten ausgetauscht. Es kam die Zeit der Untergrund-Seelsorge. Die Angehörigen der katholischen Kirche wurden als "Spione ausländischer Mächte" diffamiert. Daran war der Vatikan bisweilen nicht ganz unschuldig: So ist die ukrainische Erzdiözese Lemberg im Päpstlichen Jahrbuch bislang nur unter der Länderbezeichnung "Polen" zu finden.

Ein neues Kapitel hat mit der Auflösung der Sowjetunion begonnen. Hierbei haben die Konfessionen oft als Kristallisationskern für die Nationen gedient. Dies war zum Beispiel für die Ukrainer in erster Linie die mit Rom unierte Kirche des byzantinischen Ritus (siehe Kapitel 8); sie gilt als die nationale Kirche; die katholische Kirche des lateinischen Ritus dagegen wird als die Kirche der polnischen Ausländer gesehen sowie die nicht mit Rom unierte Kirche des byzantinischen Ritus als Vertreterin Moskaus, ob sie nun Moskau untersteht oder sich als selbständig betrachtet.

Die katholische Kirche hatte bislang in der Ukraine 93 Pfarreien und für jede zweite von ihnen einen Geistlichen. Jetzt hat in der Ukraine ein Priesterseminar seine Arbeit aufgenommen; allein die Diözese Shitomir hat hier 33 Studenten. Außer in Lemberg gibt es noch einen Bischof in Kamenec und einen im eben erwähnten Shitomir.

Der neue Bischof dieser wiedergegründeten Diözese Shitomir (wozu auch die ukrainische Hauptstadt Kiew gehört), Jan Purwinski, hat in einem kürzlich geführten Interview betont, daß es jetzt nicht um Abgrenzung und Positionskämpfe der Konfessionen untereinander gehe; wichtiger sei die gemeinsame Sorge, daß das ukrainische Volk seine religiösen Wurzeln wiederentdecke.

Beeindruckend ist es, wenn er sagt, daß 75% seiner Diözesanen Jugendliche sind. Für deren Betreuung brauche er kompetente Religionslehrer, vor allem aber Priester, ohne deren Führung nichts gehe. Und er fügt ein Beispiel an, wie sehr Priester das Gemeindeleben heben könnten: In einer kleinen Gemeinde, Charkow, habe es bis vor kurzem nur 15 Gläubige gegeben; seit der Entsendung eines Priesters habe sich die Gemeinde auf über 1000 Mitglieder vergrößert.

Der Bischof wünscht sich, daß er bald ein eigenes Priesterseminar bauen kann, damit er auf den religiösen Aufbruch reagieren und den klerikalen Nachwuchs seiner Diözese selbst ausbilden kann. Heute gehören dreiviertel seiner 32 priesterlichen Mitarbeiter Orden an und kommen fast ausschließlich aus Polen. Versorgen müssen sie jetzt schon 65 Pfarrgemeinden.

Kirchenbau sei notwendig und ein wichtiges Zeichen des Neuanfangs für die Gläubigen. Diese engagierten sich hierbei auch durch Eigenleistung am Bau und durch Spenden. Wenn man bislang zweckentfremdete Kirchen zurückerhalte, seien diese meist in einem ruinierten Zustand.

International arbeitende Sekten werben im Lande mit enormen finanziellen und materiellen Mitteln. Die Diözese aber habe zum Beispiel keinen Verlag, um mit religiösem Schrifttum die vielen Fragen der Menschen nach der langjährigen atheistischen Erziehung zu beantworten.

Sollte es für die seit Jahrhunderten in der Ukraine lebenden lateinischen Christen solche Hilfe der sich als katholisch, im Sinne von weltumspannend, betrachtenden Kirche nicht geben?

Litauen —
umgeben von großen Brüdern

Als Papst Johannes Paul II. 1987 keine Einreiseerlaubnis zu den 600-Jahr-Feiern der Christianisierung Litauens erhielt, wurde vielen im Westen überhaupt erst bekannt, daß es im Sowjetimperium ein katholisches Volk gab.

Litauen finden wir erstmals erwähnt in den "Quedlinburger Annalen", wo vom Märtyrertod des Missionsbischofs Bruno von Querfurt im Baltikum im Jahre 1008 berichtet wird. Noch lebten die Litauer aber nicht in einem geeinten Staat, sondern unter verschiedenen Herren. Es war Mindaugas, dem es Mitte des 13. Jahrhunderts gelang, die Litauer unter seiner Herrschaft zu einen. Papst Innozenz IV. sah nun in ihnen mögliche Verbündete gegen die Tataren, die ihren Vormarsch 1241 erst in Schlesien gestoppt hatten. Darum bot der Papst Mindaugas den Königstitel an. Dieser ließ sich taufen und erhielt für sich und seine Frau Martha vom Deutschordensmeister "zwei gar kunstreiche Kronen", überreicht durch den Bischof Heidenreich von Kulm. Auch ein Bistum mit einem Bischof aus den Reihen der Deutschordenspriester wurde für Litauen errichtet. Aber nicht alle waren mit dieser Westbindung einverstanden. Und als Mindaugas 1263 ermordet wurde, bedeutete dies das Ende des ersten christlichen litauischen Königreiches und seines Bistums.

Der Sohn des Mindaugas, Vaisilkas, orientierte sich mehr nach Osten; er hatte nach der Zerstörung der Kiewer Rus' seine historische Chance ergriffen und sich jenen Raum der Rus' untertan gemacht, der von den Tataren nicht erobert worden war; dies war mehr als die Hälfte des ehemaligen Russen-Landes, einschließlich der Hauptstadt Kiew. Mit der jetzt zahlenmäßig überwiegenden orthodoxen slawischen Bevölkerung wurde Litauen zu einem Nachfolgestaat des ersten ostslawischen Staates. Vaisilkas ließ sich denn auch orthodox taufen. Den Bischof schickten jetzt der byzantinische Kaiser und sein Patriarch.

Anfang des 14. Jahrhunderts holte Fürst Gediminas zur Förderung von Handwerk und Handel Deutsche und Juden in seinen Staat.

Sein Enkel Vytautas war der letzte Fürst dieses ostslawisch-litauischen Staates. Denn im innerfamiliären Machtkampf unterlag er seinem Vetter Jagiello. Vytautas, der im Gegensatz zu Jagiello ein Zusammengehen mit Polen strikt ablehnte, gilt den Litauern bis heute als Kronzeuge ihres ewigen Unabhängigkeitskampfes.

In Polen war 1382 König Ludwig gestorben, der auch die ungarische Krone getragen hatte. Wohl war Ludwigs ältere Tochter Maria 1382 in Ofen zur ungarischen Königin gekrönt, vom polnischen Adel aber nicht anerkannt worden. Dieser ließ 1384 Jadwiga, Hedwig, in Krakau krönen. Hedwig war zwar mit Herzog Wilhelm von Österreich verlobt, aber ihre Großmutter Elisabeth knüpfte für sie die Verbindung zum litauischen Fürsten Jagiello. Dieser versprach, für die Hand Hedwigs sein Land Polen anzugliedern. Jagiello ließ sich 1386 taufen und wurde polnischer König. Durch diese Heirat und die Union der beiden Staaten wurde Polen-Litauen zur osteuropäischen Großmacht mit katholischer Prägung. Jagiello befreite sich jetzt auch von den ständigen Einmischungsversuchen der Deutschordensritter; 1410 wurden diese bei Tannenberg (Grunwald) geschlagen. Der Großfürst organisierte nun selbst die Leitung der Kirche, gründete 1388 das Bistum Wilna und 1417 Samogitien.

Unter Jagiellos Sohn Kasimir IV. mußte der Hochmeister des Deutschen Ordens dem polnisch-litauischen König den Treueid leisten. Als Kasimirs Sohn Wladyslaw die Kronen Böhmens und Ungarns erhielt, erstreckte sich das Reich der Jagiellonen von der Ostsee bis zum Schwarzen Meer. Doch seine Größe wurde − wie sich bald zeigen sollte − auch seine Schwäche. Und mit dem Aussterben der Jagiellonen-Dynastie sank Litauen zu einer Provinz Polens herab.

Doch gab es auch Momente, die die Selbständigkeit Litauens stärkten. So brachte die Reformation Schrifttum in litauischer Sprache; 1547 wurde in Königsberg ein lutherischer Katechismus herausgegeben, 1570 erschien eine Sammlung von Kirchenliedern. Das Jesuitenkolleg von Wilna aber trug die Gegenreformation erfolgreich voran. Litauen blieb katholisch und das hieß auch polnisch.

Als mit der dritten polnischen Teilung (1795) auch Litauen zum Zarenreich kam, versprachen sich die Russen von der Unterscheidung zwischen Polen und Litauern ein leichteres Regiment. Doch die Litauer sahen nur den Unterschied in der Sprache und den hielten sie für bedeutungslos; sie sahen mehr die Gemeinsamkeit des katholischen Glaubens mit den Polen und dagegen den religiösen Unterschied zu den orthodoxen Russen. Und so beteiligten sie sich auch rege am polnischen Aufstand von 1863. Nach dessen Niederschlagung wanderten viele Litauer aus. Der Zar siedelte an ihrer Stelle russische Bauern in Litauen an.

Wichtiger für die Differenzierung zwischen Polen und Litauern wurde der soziale Gegensatz zwischen polnischer Stadtbevölkerung und litauischen Bauern auf dem Land, sowie der zwischen den Bauern und den polnischen Großgrundbesitzern. Auch in der Kirche taten sich Brüche auf zwischen dem höheren polnischen Klerus und der niederen litauischen Geistlichkeit.

Nach der russischen Revolution von 1917 erklärte Litauen seine Unabhängigkeit. Doch der junge Staat hatte Territorialprobleme: Das Memelgebiet mit seiner überwiegend deutschen Bevölkerung konnte mit aktiver französischer Hilfe 1923 annektiert werden, aber beim Streit um das als Hauptstadt vorgesehene Wilna unterstützte Frankreich die Polen. Nur die Sowjetunion erkannte die litauischen Ansprüche auf Wilna an. Da auch der Vatikan Wilna als polnische Kirchenprovinz errichtet hatte, brach Litauen seine diplomatischen Beziehungen dorthin ab. In der Bulle "Lituanorum gente" errichtete Rom 1926 eine litauische Kirchenprovinz mit der Metropolie Kaunas und den Suffraganbistümern Telsiai, Panevezys, Vilkaviskis und Kaisiadorys; das Memelgebiet bildete eine freie Prälatur.

Durch die Enteignung des Großgrundbesitzes konnte Litauen den polnischen Einfluß beseitigen. Als aber die Regierung 1926 einen Ausgleich mit Polen suchte, putschte das Militär.

1938 stellte die deutsche Regierung Litauen ein Ultimatum, und der litauische Landtag sah sich gezwungen, der deutschen Annexion des Memelgebietes zuzustimmen. Auch die Polen stellten im gleichen Jahr ein Ultimatum, und Litauen sollte seine Ansprüche auf Wilna aufgeben. Als daraufhin 1939 litauische Truppen in das Gebiet von Wilna vorrückten, bezogen die Russen "flankierend" Militärstützpunkte in Litauen. Von da an bestimmten sie die litauische Politik. 1940 fanden Wahlen sowjetischen Typs statt, die der "Liste des werktätigen Volkes" 99% der Stimmen brachten. Das so gewählte Parlament bat um die Aufnahme Litauens in die Sowjetunion.

1941 folgte die deutsche Invasion, und 1944 kam das Land wieder zum Moskauer Imperium. Die von der russischen Zentrale aus aufgebaute Industrie verflocht das Land eng mit der Sowjetunion; doch der Zuzug von russischen Ingenieuren und Facharbeitern bedeutete in dem katholischen Land mit seiner hohen Geburtenrate nicht einen solchen Überfremdungsdruck wie in den anderen baltischen Ländern.

Überhaupt zeigte sich nun die starke katholische Prägung Litauens und die zunehmende Rolle der Kirche als Träger des litauischen Nationalismus.

Dies hatten natürlich auch die Sowjets erkannt. Hatte es 1940 noch 1500 Priester gegeben, so waren es 1960 nur noch 1000 und 1988 knapp 600. 1959 wurde Bischof Vincentas Sladkevicius ausgewiesen, 1961 Julijonas Steponavicius. 500 Kirchen wurden zweckentfremdet, unter anderem der Dom von Wilna. Die Benutzung der generell enteigneten Kirchen war nur zu einem hohen Mietsatz möglich, der dem von Nachtlokalen entsprach; für elektrischen Strom wurde ein sechsfach höherer Satz als für Haushalte berechnet; für den Gebrauch von Meßgewändern mußte eigens gezahlt werden. Als 1984 der 500. Todestag des von den Litauern als Heiliger verehrten Kasimir IV. gefeiert werden sollte, gab es für jeden Priester nur 70 Andachtsbildchen zur Verteilung in seiner Gemeinde. Damals wie 1987 durfte der Papst nicht einreisen. Die starke Anteilnahme des Volkes aber war an den Schlangen vor den Beichtstühlen zu ersehen, wo viele von morgens bis abends warten mußten, bis sie ihre Beichte ablegen konnten. Auch hielten sie bei den Festgottesdiensten aus, als die Lautsprecher in den Kirchen ausfielen oder die Liturgiefeiern von Provokateuren gestört wurden — woran sich auch regimetreue Geistliche beteiligt haben.

Dann kam der Umschwung: 1988 konnte Kardinal Sladkevicius den Bischofssitz von Kaunas einnehmen, und der eben heimgekehrte Bischof Steponavicius konnte die zurückgegebene Kathedrale von Wilna einweihen. Kardinal Sladkevicius forderte im Februar des Jahres 1989 zusammen mit Vertretern von Sajudis die Unabhängigkeit Litauens — am 15. Mai wurde sie verkündet. Heute sucht Litauen Freunde, die ihm helfen, vielleicht auch raten, es aber nicht gleich wieder vereinnahmen wollen. Dies gilt für den Staat wie für die katholische Kirche des Landes.

Nationales Heiligtum Moldauklöster

Wir hatten uns beim Studium in Thessaloniki kennengelernt. Vasili hatte mich dann immer wieder zu sich nach Bukarest eingeladen. Jetzt endlich konnte ich ihn besuchen. Wir fuhren mit seinem Dacia, einem rumänischen Nachbau eines ursprünglich französischen Produktes, in den Norden, zu den Moldauklöstern. Unsere Route war so geplant, daß wir die Kirchen nach dem Alter ihrer Bemalung besichtigen konnten.

Ursprünglich waren es mal zwölf außen bemalte Kirchen gewesen; davon sind aber nur noch fünf erhalten. Vasili kannte die Namen: Humor, Moldovita, Arbore, Voronet und Sucevita. Das Programm sei eigentlich immer das gleiche: Im Osten, der Seite des Sonnenaufgangs, ist das dreifache Kommen des Lichtes, Jesus Christus, dargestellt, in der Menschwerdung, in der Liturgie und als Weltenherrscher. Im Süden, zum hellen Mittag zu, ist das Lichtspiel der Schöpfung zu sehen, die Wurzel Jesse und Heiligenviten. Im Norden, sonnenabgewandt, erzählen Mönchsschicksale von der Mühsal des schweren Weges nach dem Sündenfall. Und im Westen schließlich, auf der Seite des Sonnenuntergangs, ist das Weltgericht am Ende der Tage dargestellt.

Mein Freund wußte auch Technisches: In den Putz der Wände ist Flachs eingearbeitet worden, damit die Malereien hier überhaupt angebracht werden konnten. Die Farben sind mit Eigelb gemischt; das macht sie wasserundurchlässig und damit haltbar.

Die Moldauklöster mit ihren außen bemalten Kirchen sind doch einmalig. Wie ist denn diese Malerei überhaupt zu erklären? wollte ich wissen.

Als diese Kirchen bemalt worden sind, im 16. Jahrhundert, gab es noch eine Klassengesellschaft – so Vasili, getreu seiner sozialistischen Erziehung –, da konnten die Herren von Stande und leibeigene Bauern nicht gemeinsam in einem Raum beten. Also blieb das Volk draußen, wo für sie, gleichsam als Predigt, biblische Geschichten dargestellt waren. Außerdem hätte das Volk die Liturgie ja überhaupt nicht verstanden, denn die Kirchensprache war Slawisch, bzw. im 18. und 19. Jahrhundert Griechisch: Vom 10. bis zum 12. Jahrhundert haben die Rumänen zur Kiewer Rus' gehört und sind so orthodox geworden. Das Griechische haben ihnen dann die konstantinopolitanischen Griechen aufgezwungen, als diese in der Moldau und der Walachei die Fürsten von Sultans Gnaden gestellt hatten. Eigentlich waren die Rumänen von den Türken ja nie richtig unterworfen worden, aber sie mußten eben Rücksicht nehmen auf den mächtigen Nachbarn im Süden. Und als der moldauische Fürst Cantemir einen Schutzvertrag mit dem russischen Zaren, mit Peter dem Großen, schloß, dieser aber den Krieg gegen den Sultan verlor, da mußte Cantemir die Moldau verlassen und fortan seinen Lebensunterhalt in Petersburg als Schriftsteller verdienen. Für die Türken war orthodox gleich orthodox, egal ob Grieche, Serbe oder Rumäne. Und so gab es seitdem griechische Fürsten für die orthodoxen Rumänen. Und die Griechen aus dem Konstantinopler Stadtteil Phanar, die Phanarioten, haben die rumänische Kirche gräzisiert.

Unterdessen waren wir an unserer ersten Station, in Humor, angekommen. Als wir den Wagen abgestellt hatten und auf die Kirche zugingen, hörten wir jemanden deutsch sprechen. Ein katholischer Pfarrer war mit einer Touristengruppe da. Er erzählte gerade, daß die Malereien in die Tradition der "Biblia pauperum" zu stellen seien; das ungebildete Volk sollte durch die Bilder belehrt werden, wie bei der mittelalterlichen Buchmalerei. Es gebe deutlich einen gemeinsamen kulturellen Hintergrund dieses romanischen Volkes mit der römisch-lateinischen Welt. So zum Beispiel in der Architektur dieser Kirchen. Das seien ja keine zentralen Kuppelbauten, wie sonst in der Orthodoxie üblich, sondern "Wegkirchen", wo der Gläubige von West nach Ost schreitet, vom Dunkel in das Licht. Das sei die Tradition der lateinischen Basilika.

Und nun folgte ein Ausflug in die Geschichte: Die Rumänen, oder sagen wir lieber die Geten und Daker, die schon der "Vater der Geschichtsschreibung", Herodot, im 5. Jahrhundert vor Christus kannte, kamen im 1. Jahrhundert vor Christus unter römische Herrschaft. Die Geten lebten vornehmlich am Ufer der unteren Donau. Die Römer nannten dieses Gebiet Mösien. Die Daker siedelten im Inneren des Karpatenbogens, Transsilvanien oder Siebenbürgen genannt. Ihr König, der Streiter für die Unabhängigkeit, war Decebal — der Urahn des heutigen rumänischen Nationalbewußtseins.

Als der römische Kaiser Trajan um das Jahr 100 Dakien erobert hatte, begann die Romanisierung: Viele Soldaten blieben nach ihrer Dienstzeit als Kolonisten im Land, und mit ihnen kam auch das römische Christentum. Dakien haben die Römer dann im Jahr 271 wegen des Einfalls der Goten geräumt.

Unter Kaiser Diokletian wurde im 4. Jahrhundert dann die Schwarzmeerküste weiter südlich erobert, die Dobrudja zur Provinz Scythien. Dort gab es auch eine griechische Bevölkerung, wie Ausgrabungen in Konstanza, dem antiken Tomis, zeigen.

In das Gebiet innerhalb des Karpatenbogens, nach Siebenbürgen, waren im 5. Jahrhundert die Magyaren eingefallen. Im 12. Jahrhundert hatten diese dann Siedler und Handwerker aus Flandern und der Rhein-Mosel-Gegend angeworben. Die Ungarn gaben diesen Einwanderern den Namen ihrer eigenen direkten Nachbarn und nannten sie Sachsen.

Außerhalb des Karpatenbogens, in der nördlich gelegenen Moldau und der südlichen Walachei, regierten ab dem 10. Jahrhundert die Herrscher der Rus', bis ins 13. Jahrhundert: Durch den Mongoleneinfall kam dieses Gebiet unter tatarischen Einfluß.

Durch den baldigen Niedergang der mongolischen Macht aber erhielten Moldau und Walachei die Chance, selbständige Fürstentümer zu werden. In der Walachei gelang dies Mitte des 14. Jahrhunderts Basarab, der seine Herrschaft sogar bis nördlich der Donaumündung ausdehnen konnte, in das Gebiet, das bis heute seinen Namen trägt: Bessarabien. Als der Patriarch von Konstantinopel für die Walachei einen Metropolitansitz gründete, bedeutete das auch die staatliche Anerkennung durch dessen weltliches Oberhaupt, den Kaiser von Byzanz.

Auch die Bewohner der Moldau konnten im Kampf gegen die Tataren ihre Unabhängigkeit erringen, zunächst in Koalition mit den Ungarn und ab der Mitte des 14. Jahrhunderts als freie Wojwodschaft. Die Moldau erhielt ebenfalls einen Metropoliten.

Dann aber trat ein neuer Gegner auf den Plan: das Osmanische Reich. 1369 kam es zu einem ersten Zusammenstoß zwischen Rumänen und Türken. Während die Walachei zunächst Frieden mit dem Osmanischen Reich schloß, konnten die unter ungarischer Oberherrschaft lebenden Siebenbürger, angeführt von Johannes Hunyadi, 1456 bis nach Belgrad vorstoßen. Nun brach auch der Fürst der Walachei, Vlad Tepes, den mit den Türken geschlossenen Frieden: Er empfing die zur Strafexpedition heranrückenden Osmanen mit einer "Allee" von 20.000 aufgespießten Türkenköpfen. Dem mit ihm verbündeten Ungarnkönig, dem Siebenbürger Matthias Corvinus, schickte er als Zeichen seiner Kampfbereitschaft zwei Säcke voll mit Türkennasen und -ohren. Dies sicherte ihm in der Unterhaltungsbranche bis heute einen Platz als blutrünstiger Dracula (Er hatte einen Drachen in seinem Wappen).

Aber die Osmanen waren nicht mehr zu bremsen: 1453 eroberte Mehmed II. Konstantinopel; 1459 verloren die Serben auch noch den Rest ihrer Selbständigkeit, nachdem sie schon seit ihrer Niederlage 1385 auf dem Kosovo, dem Amselfeld, Tribut hatten zahlen müssen; 1463 fiel Bosnien; nach dem Tod des Freiheitshelden der Skipetaren, Skanderbeg, 1468 auch Albanien und 1483 die Herzegowina.

Siebenbürgen wurde nach der ungarischen Katastrophe von Mohacs 1526 Vasall der Pforte. Die Fürsten der Moldau und der Walachei konnten nur mit hohen Zahlungen ihre Throne erhalten. So kamen die drei rumänischen Lande unter die indirekte Herrschaft der osmanischen Türken.

Als die Türken dann 1683 vor Wien scheiterten, kam Siebenbürgen zu dem Vielvölkerreich der Habsburger. Kaiser Leopold erließ 1692 für die Orthodoxen eigens ein Diplom, das ihnen, so sie sich Rom anschlössen, die rechtliche Gleichstellung mit den bis dahin in Siebenbürgen allein privilegierten Katholiken, Reformierten und Kalvinisten versprach. (Eine Ergänzung, Herr Pfarrer: Der Kaiser wollte damit die Position der katholischen Minderheit in Siebenbürgen stärken.) 1775 kam auch die Bukowina zu Österreich. Rußland, das ebenfalls ein Stück von dem Kuchen wollte, holte sich 1812 Bessarabien.

Nachdem sich Moldau und Walachei 1859 zusammengeschlossen hatten, konnten sie ihre Befreiung von der osmanischen Oberhoheit erringen. 1877 bestieg Karl von Hohenzollern-Sigmaringen als Carol I. den rumänischen Thron. Siebenbürgen kam als Folge des Ersten Weltkrieges zu Rumänien. Bessarabien hatte sich nach der russischen Oktoberrevolution als selbständig erklärt und seinen Anschluß an Rumänien beschlossen. Aus Protest dagegen gründete die Sowjetunion am Ostufer des Dnjestr die Republik Moldawien (mit allerdings nur 30% rumänischer Bevölkerung, aber 50% ukrainischer). Der Zweite Weltkrieg brachte Bessarabien wieder unter Moskauer Herrschaft, die Teile dieses Landes, die Nordbukowina und den Streifen an der Schwarzmeerküste, der Ukraine zuteilte. In Rumänien wurde 1947 die Monarchie gestürzt.

Während wir so die Geschichte haben Revue passieren lassen, fiel mir auf, daß auf der Südwand der Kirche von Humor Türken aufgemalt waren. Dargestellt waren hier die 24 Strophen des Hymnos Akathistos, eines Marienliedes, das an die wundersame Errettung Konstantinopels vor den Persern im Jahr 622 erinnerte. Diese Perser aber sahen hier aus wie Türken in den Uniformen des 16. Jahrhunderts. Ein Jahr vor der Bemalung dieser Kirche, 1529, waren die Osmanen vor Wien gestanden. Herrscher der Moldau war zu jener Zeit Petru Rares; sein Bild ist in dieser Kirche zu finden.

In Moldovita, das ebenfalls zur Zeit des Petru Rares bemalt worden ist (1532), finden wir die Türken wieder; zusammen mit Tataren stehen sie beim Jüngsten Gericht auf der Seite der Sünder. Nachdem die Rumänen inzwischen aber auch erfahren hatten, daß ihre katholischen Nachbarn mit ihnen durchaus nicht einig waren im Kampf gegen die muslimischen Türken, finden sich auch die Katholiken unter den Verdammten.

Arbore ist 1541 bemalt worden. Die Türkengefahr war realer geworden. Petru Rares war eine Koalition mit dem Habsburger Ferdinand eingegangen, der die ungarische Krone wollte. Dort aber herrschte von Sultans Gnaden Zapolya. Rares wurde 1538 von Suleiman dem Prächtigen geschlagen. Als er jedoch seinen Sohn als Geisel an den Bosporus schickte, durfte er seine Wojwodschaft behalten. So wundert es nicht, daß in Arbore beim Akathistos die Belagerer Konstantinopels nicht wie Türken aussehen. Anstelle des Stifterbildes finden wir ein ganz neues Motiv: Kaiser Konstantin auf einem Reiterzug − ist der Fürst der Moldau nach dem Fall Konstantinopels der neue Konstantin, der neue Retter des Christentums?

Auch in Voronet (1547 bemalt) finden wir Bezüge zum Zeitgeschehen: Die Belagerung Konstantinopels durch Ungläubige ist hier ganz ausgelassen. Dafür aber findet sich ein hl. Georg, der eine belagerte Stadt errettet − ein einsamer Streiter. Und im dramatisch dargestellten Sündenfall, dem Teufelspakt Adams, darf man da den Petru Rares sehen, der für den Erhalt seines Thrones seinen Sohn ausliefert? Ein Sündenfall, der durch Christus zur "felix culpa" geworden ist − welch herrlichen Löser hat diese Schuld gefunden.

Das letzte Kloster, Sucevita, zeigt sich in beinahe barocker Üppigkeit. Das "Bilderbuch" von Sucevita bringt viele volkstümliche Szenen, Bilder aus dem ländlichen Alltag, "mit Hund und Ferkel", wie die Rumänen sagen (vergleichbar unserem "mit Kind und Kegel"). Sucevita ist eine Stiftung der Familie Moghila, von denen einer Fürst der Moldau war, ein anderer dazu noch die polnische Krone errang und seinen Sohn, Petr, auf dem Metropolitenstuhl in Kiew sah.

Als diese Kirche bemalt worden ist, waren die drei rumänischen Lande gerade vereint. Michael, der Fürst der Walachei, hatte 1594 einen Bund mit den Fürsten der Moldau und Siebenbürgens geschlossen. Die Siebenbürger scherten dann aber unter ihrem Fürsten Kardinal Barthory aus dieser Front wieder aus. Michael ging mit seinen Truppen über die Karpaten; 1599 zog er als Sieger in Alba Julia ein. 1600 gewann er auch den moldauischen Thron. Michael unterstellte seine Lande der Oberhoheit des Habsburgers Rudolf II. Als sich Siebenbürgen dem kaiserlichen Protektorat entzog, wollte Michael gemeinsam mit dem kaiserlichen General Bastra die Aufrührer bestrafen. Der General aber ließ Michael ermorden. Wollte Wien die Rumänen nicht geeint sehen?

Die Nonnen, die heute in Sucevita leben, sprechen hervorragend Französisch. Und bei einer Tuica, dem rumänischen Zwetschgenschnaps, gibt uns Schwester Marina noch eine schöne Erklärung für diese außen bemalten Kirchen: Die Kirchenwand sei wie eine Membrane, die das im Inneren gefeierte Mysterium nach außen überträgt, in den Alltag. Auch die Feier sei ja nicht abstrakt, rein geistig, sondern ein irdischer Versinnbildlichungsprozeß. Und so lassen denn auch die Bilder den sinnenhaften Menschen die Verwandlung begreifen, die an ihm durch Christus geschieht. Diese Kirchen, mitten in der Landschaft, sagen, daß auch hier und heute Heil möglich ist, daß dieses Heil immer wieder gegenwärtig wird im liturgischen Geschehen. In diesen Bildern des Heils schaut der Mensch die unzerstörbare Wirklichkeit, nicht zu zerstören durch alle widrigen Mächte – wobei deren Namen austauschbar sind. – Und dann kommt noch etwas, was den um ost-westliche Gemeinsamkeiten bemühten Herrn Pfarrer, den wir in Humor getroffen hatten, sicher gefreut hätte: Sind diese Bilder damit nicht den altchristlichen römischen Katakombenbildern vergleichbar. Zuspruch in Zeiten der Not.

In den Moldauklöstern sehen die Rumänen, wer sie aus jeder Unterdrückung und Fremdherrschaft herausführen kann.

Himmel auf Erden —
Die Liturgie der Ostkirche

"Gospodi pomiluj" und immer wieder "Gospodi pomiluj". Wir Westler, die "nichts Gutes gewöhnt" sind, schwanken auf weichen, wehen Knien zwischen Schlaf und Staunen. Stundenlang dauert die "Messe". Der Chor singt unaufhörlich, lullt uns ein und reißt uns wieder hoch. Wir stehen in einer Kapelle der "Verlagsabteilung" des Moskauer Patriarchats; die Sänger sind junge Theologiestudenten. Es ist nicht unbedingt typisch, daß der Kirchenchor nur aus Männern besteht. Der 1990 verstorbene Patriarch Pimen, einst selbst Chorleiter an einer Moskauer Kirche, hat auch Frauen zum Kirchengesang zugelassen, und er hat mit seinem Chor auch die alte Form des einstimmigen Gesanges wieder eingeübt. Mit einem Augenzwinkern flüstert uns Vater Grigorij zu, daß der vielstimmige Gesang, mit den hohen Kopfstimmen und den tiefen Bässen, der uns so gefällt und als "typisch russisch" erscheint, italienischer Import aus der Zeit Peters des Großen, aus dem 18. Jahrhundert ist. Auch bei uns bekannte Komponisten wie Tschaikowskij und Rachmaninow haben die ursprüngliche monophone Form des liturgischen Gesanges wieder aufgenommen.

Nach orthodoxem Verständnis stellt die Feier der Eucharistie eine symbolische Vergegenwärtigung des Heilsgeschehens dar, angefangen bei der Geburt Christi bis hin zu seiner Verherrlichung zur Rechten des Vaters.

Wer zwei-, dreimal an einer orthodoxen Liturgie teilgenommen hat, wird sich zurechtfinden. Die Liturgie ist deutlich dreigeteilt: Zu Beginn die Zubereitung der Gaben, die sogenannte Proskomodie, dann der Wortgottesdienst und schließlich die Feier des Abendmahlsvermächtnisses Jesu.

Bei der Zubereitung der Gaben schneidet der Priester Brote in kleine Stücke. Die Brote werden häufig zu Beginn der Liturgie von Gläubigen, die um ein besonderes Gebetsgedenken bitten wollen, zum Altarraum vorgetragen, weswegen die Brote "Prosphoren" (Vor-, Beigetragene) genannt werden. Mit einem speerähnlichen Messer, der sogenannten "heiligen Lanze", schneidet der Priester zunächst das Mittelstück aus, das als "heiliges Lamm" bezeichnet und für die Wandlung verwendet wird; dieses legt er zusammen mit den übrigen Stückchen auf eine Patene; die anderen Brotstücke symbolisieren die Gemeinschaft der Heiligen, die zum Opfer vereint sind.

Die Proskomodie erinnert an den Opfertod des Herrn (Lanze und Lamm), aber auch an seine Geburt in der Höhle von Betlehem, wenn über den Gaben das "Zelt Gottes unter den Menschen" errichtet wird, ein kleines Zeltgestänge, an dessen Himmel der "Stern von Betlehem" hängt.

Der beschriebene Teil des Gottesdienstes geschieht in der linken vorderen Seitenapsis; er wurde schon in byzantinischer Zeit aus der eigentlichen Liturgiefeier herausgenommen, um diese nicht allzu lang werden zu lassen.

Mit einem Lobgesang, einer "Doxologie", beginnt der Wortgottesdienst. Auf diesen Eröffnungsgesang folgt eine schier endlose Reihe von Fürbitten (= die große Ektenie) mit der uns bereits bekannten Antwort: "Gospodi pomiluj – Herr, erbarme dich". Nach Antiphonen und Psalmengesang schließt sich die Prozession des "Kleinen Einzuges" an: Das Evangelienbuch wird aus der linken Tür der Bilderwand, der "Ikonostase" heraus, durch die Kirche zu den jetzt geöffneten "Königlichen Türen", der großen Mittelpforte der Bilderwand, getragen: Christus begegnet uns in seinem Wort.

Nach einem Text aus der religiösen Dichtung, einem sogenannten Tropar, und einem Abschlußgebet wird das "Trishagion" gesungen, das "Dreimalheilig": "Heiliger Gott, heiliger Starker, heiliger Unsterblicher, erbarme dich unser". Auf einen kurzen Wechselgesang, das Prokeimenon, folgt die Lesung. Nach dem Alleluja-Gesang wird das Evangelium vorgelesen. Die Segnung des Volkes mit dem Evangelienbuch besiegelt die Verkündigung. Am Abschluß dieses Liturgieteils steht wieder ein umfangreicher Fürbitteil, die "Inständige Eketenie".

Mit dem "Großen Einzug" beginnt die "Liturgie der Gläubigen". In der feierlichen Übertragung der Gaben kündigt sich die Ankunft dessen an, der in diesen Gaben wahrhaft gegenwärtig wird. Im Licht seiner Ankunft erscheint die kirchliche Feier jetzt schon als himmlische Liturgie.

Der Priester stellt die Gaben, die von der Proskomodie durch die linke Seitentür der Bilderwand heraus, durch das Kirchenschiff zur "Königlichen Pforte" getragen werden, auf das "Antimension", ein vom Bischof geweihtes Tuch mit einer Darstellung der Grablegung Christi darauf, durch das der Altar erst zum Altar wird.

Nun wird das Glaubensbekenntnis gebetet oder gesungen. Im anschließenden Hochgebet, der "Anaphora", wird der Heilstaten des Herrn gedacht bis hin zu dem Einsetzungsbericht der Eucharistie, der sogenannten "Anamnese". Gott wird gebeten, den Hl. Geist herabzusenden (= Epiklese), damit er die Gaben wandle.

Nun folgt das Gedächtnis der Heiligen, der Verstorbenen und der Lebenden.

Nach einer weiteren Ektenie wird das Vaterunser gebetet oder gesungen.

Der Priester hebt die Gaben in die Höhe und gibt dann das gewandelte Brot in den Kelch: Leib und Blut sind untrennbar verbunden, ein Symbol der Auferstehung, in der Leib und Blut wieder eins wurden.

Der Priester schenkt nun noch heißes Wasser (= Zeon) in den Kelch, zum Zeichen dafür, daß dies alles auf die Wirkung des Hl. Geistes zurückgeht und immer wieder durch ihn geschieht: Geisterfüllt, warm und lebendig — so soll auch die Wirkung für den Kommunikanten lebensspendend sein.

Nach einem Vorbereitungsgebet kommunizieren Priester und Volk (vorherige Beichte wird vorausgesetzt).

Danksagungsektenie, Gebet und Segen stehen am Abschluß.

Mit den nicht gewandelten Brotstücken, einer Gegengabe, dem Antidoron, werden die Gläubigen entlassen.

In der liturgischen Feier vollzieht die Kirche ihre eigentliche Mission. Sie stellt dem Menschen sein Ziel vor Augen, das "Bei-Gott-Sein". Der Kirchenraum, seine Ausgestaltung und die liturgische Feier, alles spielt hierbei zusammen. Die Welt wird verklärt, nicht indem man vorrangig die Verhältnisse in der Welt zu bessern trachtet, sondern indem man betend und singend den Himmel auf die Erde herunterzieht — oder besser: Nicht wir tun dies, sondern Gott neigt sich uns zu, um uns zu erheben; er läßt uns jetzt schon teilhaben an der künftigen Herrlichkeit.

Dem geplagten Menschen diese Frohbotschaft deutlich zu machen, das Mysterium der Menschwerdung Gottes und der Vergöttlichung des Menschen, danach trachtet die russische Kirche. Sie will dies dem Gläubigen weniger erklären, durch theologische Differenzierungen begreifbar machen, als es mit ihm dankbar feiern. In der Liturgie erlebt der Mensch die heilende Nähe Gottes: "Die himmlische Welt senkt sich herab auf diese arme Erde. Der Lichtglanz des ewigen Gottes leuchtet herein in das Dunkel der Welt. Die Königsherrlichkeit Christi durchstrahlt die Finsternis der gefallenen Menschheit. Die Kluft, die zwischen dem sündigen Menschen und Gott gähnt, schließt sich. Gott kehrt ein in die Seele des Menschen, heiligt, verwandelt, verklärt und vergottet sie."

Verkündigung mit dem Pinsel:
Die Ikonen

Wir kennen diese Zeichen von Bahnhöfen und Flughäfen, jene hilfreichen Bildchen, die uns ohne jede Sprachkenntnisse auch in einem fremden Land zeigen, wo das gewisse Örtchen für Damen oder Herren zu finden ist. Piktogramme zeigen auch Sportlern aus aller Welt bei Olympischen Spielen, wo es zum Reiten und wo zum Handball geht. Solche sprechenden Bilder verwendeten schon die alten Ägypter, denen die Hieroglyphen als Schriftzeichen dienten.

Auch die östliche Christenheit kennt eine Bilderschrift: die Ikonen.

Über die Jahrhunderte in fast unveränderter Form verkünden die Ikonen dem Gläubigen die Frohbotschaft der Evangelien. Ikonen werden deshalb auch als "Evangelium in Farbe" bezeichnet, als "Glaubensverkündigung mit dem Pinsel". Und die Schönheit der Verkündigungssprache, die Ruhe vermittelnde gleichbleibende Form, die den Betrachter das Dargestellte immer wieder erkennen läßt, wollen dem Gläubigen Gewißheit und Zuversicht geben.

Der Maler der Ikone, der "Prediger", der Ikonen-Schreiber, tritt hinter die zu verkündende Botschaft zurück; er will nicht, wie in der westlichen religiösen Kunst, seine eigene Betroffenheit ausdrücken, sondern die ewig gleichbleibende Botschaft der Evangelien wiedergeben.

Der Gläubige soll aber die Frohbotschaft nicht nur mitgeteilt bekommen, sondern mit dem Heilsgeschehen konfrontiert werden. In den Ikonen ist der oder das Dargestellte selbst repräsentiert: In der Ikone schaut der Heiland jetzt mich an, wird die Fußwaschung zum reinigenden Dienst des Erlösers an mir. Eine Begegnung findet statt.

Mit dieser Theologie gerieten die Ikonen in die Nähe der heidnischen Götterbilder. Das mußte zu Auseinandersetzungen führen.

Das frühe Christentum hatte vom Judentum eine große Zurückhaltung gegenüber dem Bild geerbt. Das, was wir an Bildwerken aus der Zeit der Urkirche finden, diente pädagogischen Zwecken oder der Erbauung.

Die Ausmalung der Katakomben aus dem 2. Jahrhundert ist symbolisch zu verstehen: Die Geschichte des Propheten Jona, der vom Walfisch wieder an Land gespien wird, weist auf die Auferstehung hin; Daniel in der Löwengrube gibt Zeugnis von der Hoffnung auf Errettung aus Bedrängnis und Gefahr; Christus wird zum neuen Orpheus, der aus der Unterwelt herausführt.

Ab dem 4. Jahrhundert kommt eine neue Bildform auf: das erzählende, szenische Bild. In Bildergeschichten werden die Werke und Taten Gottes und seiner Heiligen erzählt. Dies sind die Vorläufer der "Biblia pauperum", Katechese für den, der nicht lesen kann.

Nach der Überlieferung der Ostkirche hat der Evangelist Lukas die ersten Ikonen gemalt. Kunstgeschichtlich nachweisbar sind sie aber erst seit dem 5./6. Jahrhundert.

Im 8. Jahrhundert tobte dann um den Stellenwert dieser Ikonen, um ihre rechte Verehrung ein heftiger Streit im oströmischen Byzantinischen Reich. Die Gegner dieser Bilder hielten die üblich gewordene Ikonenverehrung für einen Rückfall in das Heidentum: Das einzig denkbare Bild Christi sei die Eucharistie. Die Anhänger der Bilderverehrung hielten dem die Inkarnation entgegen: Dadurch, daß Gott Mensch geworden ist, Fleisch angenommen hat, ist die Möglichkeit des Bildes gegeben, denn Jesus Christus ist die Ikone Gottes. So verweist auch das mit Farben gemalte Bild auf das Urbild, das es darstellen will, auf Christus, seine Mutter, die Heiligen oder Szenen aus dem Alten und Neuen Testament. Das Abbild spiegelt die Wirklichkeit der Urbilder wider. Aber die Ikone ist eben nicht nur leere Hülle, sondern das Urbild ist in ihr gegenwärtig — wenn auch geheimnisvoll und verhüllt.

Auf einem Konzil im Jahre 787 wurde dieser Streit entschieden. Die Orthodoxe Kirche gedenkt Jahr für Jahr dieses "Sieges der Rechtgläubigkeit" am sogenannten "Sonntag der Orthodoxie", und sie singt an diesem Tag: "Das unumschreibbare Wort des Vaters hat durch seine Fleischwerdung aus dir, Gottesgebärerin, sich selbst umschrieben."

Bei aller Askese und Wiedergabetreue des Ikonenmalers können wir doch in der Geschichte der Ikonen verschiedene Stilepochen festmachen. Nach dem bewegteren, erzählerischen "römischen Stil" der Frühzeit repräsentierte der "byzantinische Stil" (ab dem 6. Jahrhundert) mehr das Amt und die Würde des Dargestellten. Erst mit dem "makedonischen Stil" des 14. Jahrhunderts wurden die Figuren wieder "fleischlicher" — so wie auch eine gleichzeitige Strömung in der Theologie den Menschen wieder stärker berücksichtigt hat.

Ein typischer Vertreter dieser Richtung war in Rußland der aus Konstantinopel vor der Pest geflohene Maler Feofan Grek. Sein russischer Widerpart, der bei dem strengen byzantinischen Stil geblieben war, ist der wohl bekannteste Ikonenmaler: Andrej Rubljew. Seine Ikone der Dreifaltigkeit ist zu einem Meditationsbild von ökumenischem Rang geworden.

Die Ikonen des 17. Jahrhunderts spiegeln dann den geistigen Umbruch jener Zeit. Die überschlanken Figuren zeigen die Fragwürdigkeit der menschlichen Existenz, das Gefährdetsein alles Irdischen. In der Folgezeit wurden die Ikonen auch mit kostbaren Beschlägen versehen, um sie zu schützen, aber auch um sie zu schmücken. Es brach die Zeit eines gewissen "geistlichen Komforts" an.

Für den orthodoxen Gläubigen aber sind solche Stilrichtungen mindestens sekundär; für ihn besitzt die Ikone Ewigkeitswert.

Der Gläubige, der sich vor die Ikone stellt, vor ihr ein Licht entzündet, die Ikone küßt, wendet sich an den Dargestellten. Die Verehrung gilt dem Abgebildeten, nicht dem Abbild.

Die Bilderverehrung ist ein Herzstück orthodoxer Frömmigkeit. Es ist nicht übertrieben, wenn man die Ikone als das "achte Sakrament" bezeichnet. Natürlich kennt auch die orthodoxe Kirche nur sieben Sakramente. Aber wie die Sakramente durch äußere Zeichen, die sich an die Sinne des Menschen wenden, innere Gnade vermitteln, so vermittelt, nach Auffassung der Orthodoxie, auch das Anschauen des Bildes dem Menschen innere Gnade.

Ein auserwähltes Volk — Die Armenier

Als Noah nach der Sintflut erstmals wieder trockenen Boden unter die Füße bekam, war er in Armenien: Er landete auf dem heiligen Berg Ararat — so die Überlieferung der Armenier. Und auch weiterhin wurde hier Heilsgeschichte geschrieben, wenn auch häufig mit blutroter Tinte.

Die Apostel Thaddäus und Bartholomäus waren die ersten Künder des Evangeliums bei den Armeniern. Als sich deren König Tiridates ausgerechnet in eine Nonne verliebte, kam es zum Konflikt: Die fromme Hripsine lehnte es ab, den Herrscher zu heiraten, und alle Schwestern des Landes zahlten dafür mit ihrem Leben. Gott aber strafte den König, und dieser wurde krank. Nur ein Christ vermochte es, ihn zu heilen, Gregor, der "Erleuchter" seines Königs: Der genesene Tiridates proklamierte das Christentum zur Religion seines Volkes. Dies geschah im Jahr 301, also zehn Jahre vor dem Ende der Christenverfolgungen im Römischen Reich.

Nun galt es, das Evangelium auch in der Sprache der Armenier aufzuzeichnen. Bislang hatten die Armenier jeweils die Schriftzeichen von denen verwandt, unter deren politischem oder kulturellem Einfluß sie lebten, so die der Griechen und der Perser.

Der Mönch Mesrop schuf im Jahr 406 das armenische Alphabet, und schon 435 lag eine Übersetzung der Heiligen Schrift vor. Wenn die Armenier auch bald ihre politische Unabhängigkeit wieder verloren, so hatten sie nun doch eine solide kulturelle Grundlage, die sie verband. Das geistige Zentrum aller Armenier wurde über die Zeiten hinweg das Kloster Edschmiadzin (= Der Eingeborene ist herabgestiegen), das heute der Sitz des Oberhauptes der Armenischen Kirche ist.

Schon im Jahr 428 standen die Armenier wieder unter persischer Oberhoheit − und die Perser waren die Erzfeinde des Römisch-Byzantinischen Reiches. Damit war also eine Teilnahme der Armenier an den vom byzantinischen Kaiser als Reichsveranstaltungen gefeierten Konzilien der großen Schwesterkirchen der Griechen, Römer, Ägypter und Syrer unmöglich. Um die Jahreswende 554/555 haben die Armenier die Theologie der byzantinischen Reichskirche ausdrücklich abgelehnt. Um ihre Unabhängigkeit von dieser ganz deutlich zu machen, haben sie sich sogar einen eigenen Kalender geschaffen, mit einer neuen Zeitrechnung begonnen. Und solange die Armenier solchen Abstand zu den anderen christlichen Kirchen zeigten, ihre Kirche als rein nationale, armenische organisierten, beließen ihnen die Perser auch die Freiheit dazu.

Als Persien im 7. Jahrhundert unter arabische Herrschaft kam, konnten die Armenier auch dort ihre Identität, ihre Eigenständigkeit in Kultur und Glauben bewahren.

Im 11. Jahrhundert drangen die Turkmenen aus Asien nach Transkaukasien und Anatolien in den Lebensbereich der Armenier. Viele von ihnen zogen nun südwärts bis an das Mittelmeer, wo sie in Kilikien mit Hilfe der lateinischen Kreuzfahrer einen neuen Staat gründen konnten; der aber hat die Kreuzfahrerzeit nicht lange überlebt. In Kilikien kamen die Armenier auch erstmals wieder mit dem westlichen Christentum in Kontakt. Im 15. Jahrhundert gehörten diese Armenier zum türkischen Osmanischen Reich.

Jetzt gab es nur noch ein kleines armenisches Fürstentum im Kaukasus: Berg-Karabach.

Aus dem Osmanischen Reich wechselten mehr und mehr Armenier in das orthodoxe russische Zarenreich über. Sie brachten dabei so wertvolle Kenntnisse mit wie die über den Weinanbau. Angesiedelt wurden sie an ihren früheren Wohnsitzen, wo inzwischen aber die muslimischen Aserbaidschaner lebten; deren Gebiet wurde in zwei Teile zerschnitten und viele von ihnen wurden auch vertrieben.

Wegen ihrer Nähe zum Russischen Reich wollten die Armenier des Osmanischen Reiches im Ersten Weltkrieg neutral bleiben. Als dann auch noch der armenische Oberhirte, der Katholikos, den russischen Zaren um Schutz für die unter türkischer Herrschaft lebenden Armenier bat, kam es dort 1915 zum Genozid an den Armeniern — ein Ereignis, das die Armenier dem Holocaust der Juden an die Seite stellen. Franz Werfel hat dieser erschütternden Geschichte in seinem Buch "Die vierzig Tage des Musa Dagh" ein literarisches Denkmal gesetzt. Nach Angaben des obersten Bischofs der Armenier im Osmanischen Reich hat es 1914 dort 2 Millionen Armenier gegeben; die Hälfte von ihnen soll die Ereignisse von 1915 nicht überlebt haben.

Nach der russischen Oktoberrevolution haben die Armenier im sowjetischen Einflußbereich die Sozialistische Republik Armenien gegründet — die kleinste der Sowjetrepubliken. 1922 wurde sie mit Georgien und Aserbaidschan zur Transkaukasischen Föderation zusammengeschlossen; 1936 erhielten die Armenier aber wieder eine eigene Republik.

Ihre internationalen Kontakte haben den Armeniern bis zum Ende der Sowjetunion in dieser einen Sonderstatus gesichert; nur 4,6 Millionen von insgesamt ca. 8 Millionen Armenier lebten im Sowjetimperium. Auch ihr hohes Bildungsniveau hat ihnen eine überproportionale Vertretung in den Leitungsgremien eingebracht. Der Armenier Mikojan konnte bis zum Amt des Staatspräsidenten der Sowjetunion aufsteigen.

In einer Volksabstimmung haben die Armenier 1991 ihre Unabhängigkeit erklärt.

Es gibt in Transkaukasien kaum ein Fleckchen Erde, auf das nicht mehrere Völker historisch begründeten Anspruch erheben könnten. Seit 1988 tobt deswegen ein Krieg zwischen Armenien und Aserbaidschan. Der wurde auch nicht durch das große Erdbeben vom Dezember 1988 unterbrochen; im Gegenteil: Die Aserbaidschaner blockierten die Hilfssendungen in das betroffene Gebiet.

Es ist zu hoffen, daß sich die Armenier darauf besinnen, was — unabhängig von politischen Machtverhältnissen — ihre Eigenart als uralte, vom Christentum geprägte Kulturnation ausmacht.

Unter der grünen Fahne:
Der Islam

Als sich 1991 die Auflösung der Sowjetunion abzeichnete, da hat mancher befürchtet, daß nun die etwa 140 Völker dieses Riesenreiches über ihre vermeintlichen bisherigen Unterdrücker, die Russen, gemeinsam herfallen würden. Immerhin waren 40% der 285 Millionen Einwohner der UdSSR keine Russen. Wohl sind es zum Teil auch Slawen und ebenfalls Christen des östlichen Ritus, wie die Weißrussen und die Ukrainer; dann gibt es da die rumänisch-stämmigen Moldawier, auch sie orthodoxe Christen, die zur selben Kirche gehörenden Georgier und die in eigener kirchlicher Tradition lebenden Armenier. Ferner sind zu nennen die Balten, die katholischen Litauer und die mehrheitlich protestantischen Esten und Letten. Und dann existiert noch der große Block der Muslime. Vor allem von ihnen erwartete mancher, daß sie sich zusammenschließen, einen neuen mächtigen Staat bilden würden, womöglich mit einem Teil der atomaren Hinterlassenschaft der Sowjetunion. Dies waren durchaus berechtigte Sorgen und Fragen. Und deshalb soll hier ein kurzer Blick auf den islamischen Teil der untergegangenen UdSSR geworfen, sollen die Namen wenigstens der größten dieser Völker noch einmal genannt werden.

Voraussetzungen:

Mohammed hat die göttlichen Offenbarungen als ersten seinen arabischen Landsleuten verkündet (7. Jahrhundert). Durch das Bekenntnis zu Allah erstmals über den einzelnen Familienclan hinaus geeint, hatten die Araber die Kraft, den benachbarten persischen Staat zu unterwerfen.

Die Perser brachten in den jungen islamischen Staat (Islam = Ergebung in den Willen Gottes) ihre alte Staatskunst mit ein.

Die eigentlichen Verbreiter des muslimischen Glaubens (Muslim = Gläubiger, der sich Gott unterwirft) aber wurden die Turkvölker; diese kriegerischen Nomaden dienten den arabischen Kalifen als Soldaten (8. Jahrhundert).

Der Kalif war als "Stellvertreter" des Propheten das eigentliche religiöse und weltliche Oberhaupt aller Muslime. Mit ihrer militärischen Macht im Rücken aber wurden die Türken schon bald zu den wirklichen Herren des Staates; dies drückte sich in dem Titel "Sultan", "bevollmächtigter Herrscher" aus, den die türkischen Heerführer trugen.

Im 16. Jahrhundert kam es zum Bruch in der islamischen Welt. Perser und Araber stritten darum, wer berechtigt sei, die islamische Umma, die Glaubensfamilie zu führen: Die Araber beriefen sich auf die Tradition, daß nur einem Verwandten Mohammeds die Prophetennachfolge zustehe (= Sunniten); die Perser dagegen wollten dieses Amt dem zugestehen, der sich am meisten um den Glauben verdient gemacht habe (= Schiiten).

Den türkischen Sultanen aber war es zunächst egal, wer "unter ihnen" die Kalifenwürde bekleidete. Erst im 18. Jahrhundert haben sie offiziell die Nachfolge der arabischen sunnitischen Kalifen angetreten. Da aber hatten sie mit ihrem Schwert die Grenzen der islamischen Welt schon sehr weit ausgedehnt.

Die Muslime breiten sich nach Westen aus:

Als diese Erben Dschinghis-Khans im 12. Jahrhundert begannen, sich von Mittelasien aus nach Westen auszubreiten, stießen sie als erstes auf die Urbevölkerung Turkestans, die zur persischen Völkerfamilie gehörenden Tadschiken (s. Kapitel 1. B 3). Diese nahmen den muslimischen Glauben an. Da die Tadschiken nach dem eben erwähnten Bruch im 16. Jahrhundert nicht zum persischen Reich gehörten, blieben sie im Gegensatz zu den anderen iranischen Völkern bei der sunnitischen Form des Islam. Im 19. Jahrhundert kamen sie unter russische Herrschaft.

Die durch Turkestan ziehenden Heere gehörten zu dem türkischen Volk der Oghusen, beziehungsweise zu den Turkmenen (s. Kapitel 1. B 4). Im 19. Jahrhundert mußten sich die Turkmenen den Russen beugen.

Bis nach Kiew drangen im 13. Jahrhundert die Tataren (siehe Kapitel 1. B 1) vor.

Den Tataren eng verwandt sind die benachbarten Baschkiren (siehe Kapitel 1. B 2), die ebenfalls im 16. Jahrhundert unter Moskauer Herrschaft kamen.

Am östlichen Rand des Herrschaftsgebietes der türkischen Reitervölker agierten die Usbeken (siehe Kapitel 1. B 5). Sie lebten bis zum 19. Jahrhundert in Freiheit; dann wurden sie von den Russen unterworfen.

Von den Usbeken haben sich im 14. Jahrhundert die Kasachen (siehe Kapitel 1. B 6) abgespalten und ihren Lebensraum weiter südlich gesucht. Als sie im 19. Jahrhundert Schutz beim Moskauer Zaren suchten, wurden sie dem russischen Reich einverleibt.

Die russische Nationalitätenpolitik unter Stalin hat von den Kasachen künstlich die Kirgisen (siehe Kapitel 1. B 7) getrennt. Alle diese Völker gehören heute zum sunnitischen Islam.

Im Kaukasus hat das ebenfalls turkstämmige Volk der Aserbaidschaner (siehe Kapitel 1. C 3) unter persischem Einfluß die schiitische Richtung angenommen.

Die persischen Herrscher aus der Safawiden-Dynastie waren es auch, die im 16. Jahrhundert als erste aus wirtschaftlichen Gründen die im 11. Jahrhundert ausgewanderten christlichen Armenier wieder in dieses Gebiet zurückgeholt haben − und damit ein bis heute ungelöstes Problem zwischen den beiden Völkern der Armenier und der Aserbaidschaner geschaffen haben. Im 18. Jahrhundert haben dann die Russen die Kaukasus-Region ihrem Imperium eingegliedert.

Die islamischen Völker im Osten Rußlands haben also nie eine Einheit gebildet. Diese Muslime sind wie gesehen — zu unterteilen in Anhänger der Sunna und solche der Schia; die Sunniten wiederum sind in Angehörige der Turkvölker und der iranischen Völkerfamilie geteilt. Haben den Russen einst diese Unterscheidungen und Gegensätze als Mittel zur Stabilisierung ihrer Herrschaft gedient, so stellen sie heute für sie vor allem einen Unsicherheitsfaktor an ihrer Ostgrenze dar.